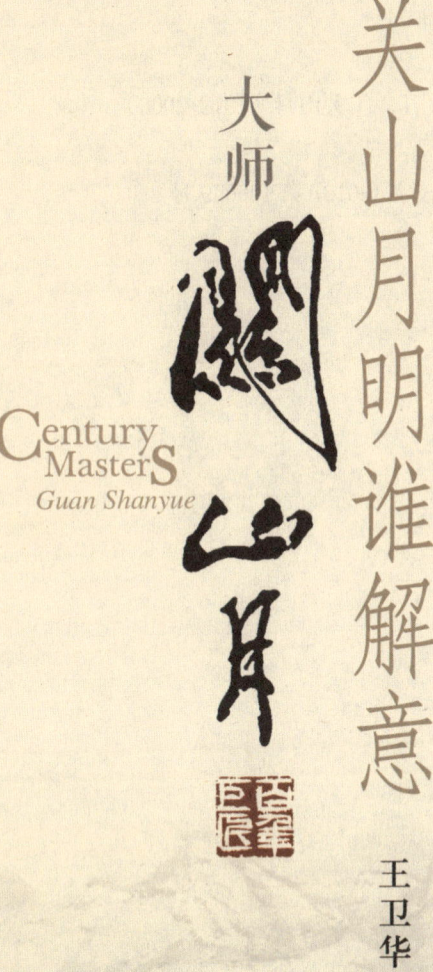

关山月明谁解意

大师 关山月

Century Masters
Guan Shanyue

王卫华 ◎ 编著

百年巨匠 国际版 系列丛书

敦煌文艺出版社

图书在版编目（CIP）数据

关山月明谁解意：大师关山月 / 王卫华编著. --
兰州：敦煌文艺出版社，2019.11
 ISBN 978-7-5468-1794-1

Ⅰ. ①关… Ⅱ. ①王… Ⅲ. ①关山月（1912-2000）
－传记 Ⅳ. ① K825.72

中国版本图书馆 CIP 数据核字（2019）第 196059 号

百年巨匠 国际版系列丛书

关山月明谁解意

大师关山月

王卫华 编著

总 策 划：马永强　杨继军
项目负责：余　岚　赵　静
统筹策划：徐　淳
责任编辑：赵　静
艺术监制：马吉庆
装帧设计：李晓玲　禾泽木

敦煌文艺出版社出版、发行
地　址：（730030）兰州市城关区读者大道 568 号
邮　箱：dunhuangwenyi1958@163.com
博客（新浪）：http://blog.sina.com.cn/lujiangsenlin
微博（新浪）：http://weibo.com/1614982974
0931-8773148（编辑部）　　0931-8773112（发行部）

兰州华峰印刷有限公司印刷
开本 720 毫米 ×1020 毫米　1/16　印张 11.25　插页 1　字数 165 千
2020 年 1 月第 1 版　2020 年 1 月第 1 次印刷
印数：1 ~ 3 000

ISBN 978-7-5468-1794-1
定价：48.00 元

如发现印装质量问题，影响阅读，请与出版社联系调换。
本书所有内容经作者同意授权，并许可使用。
未经同意，不得以任何形式复制转载。

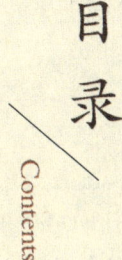

目录
Contents

第一章　渴望红色
2　第一节　阳江
5　第二节　母亲的心愿
10　第三节　梅花

第二章　广州圣地
14　第一节　来到广州
18　第二节　岭南画派创始人高剑父
22　第三节　患难成夫妻

第三章　进入圈子
28　第一节　中山大学
32　第二节　澳门福地
35　第三节　寻师到澳门
37　第四节　慧因和尚
42　第五节　抗日画展

第四章　五年万里行
48　第一节　到临时省会韶关
51　第二节　再办抗日画展
54　第三节　找到爱妻
56　第四节　桂林第一次画展
60　第五节　《漓江百里图》
63　第六节　贵州苗家的花溪
66　第七节　贵阳办展

1

68	第八节	云南行		126	第二节	1956年是个好年份
72	第九节	到重庆		131	第三节	拿出中国自己的教学方法
76	第十节	张大千捧场成都画展				
83	第十一节	破釜沉舟西北行				
86	第十二节	华山游		**第七章**	**高峰永立**	
89	第十三节	祁连与敦煌		138	第一节	欧洲行
97	第十四节	给万里行画上圆满的句号		143	第二节	不朽的作品：《江山如此多娇》
				150	第三节	再历劫难
第五章	**迎接新中国的曙光**			156	第四节	与张大千合作的遗憾
104	第一节	回到广州		159	第五节	红梅情结
107	第二节	去南洋		164	第六节	艺术没有尾声
112	第三节	避难香港				
117	第四节	迎接广州解放		175	参考资料	
第六章	**做一个革命的艺术家**					
122	第一节	参加土改				

第一章

渴望红色
KEWANG HONGSE

关山月从小渴望红色，他最爱的是红色的梅花。

百年巨匠

第一节

阳江

　　这里是广东省阳江市。

　　一条漠阳江，由北向南蜿蜒而来。她发源于云浮市西南的大云雾山，像云雾里的一个姑娘，出了山后就向西婷婷而来。不一会儿，她就到阳春市的马南山了。马南山像一个小伙子在大道上立着，向姑娘招着手。姑娘害羞了，哪里有这样粗鲁直率的嘛！她晃身躲过了小伙子，折向东南。她匆匆地来到阳江市，一甩长发，就由北津跃入了她所喜爱的南海。算一算，她走过的路仅有 169 公里长。

　　只是由她这么从山里向南海一走动，形成的支流就有 20 条，流域面积达 6042 平方公里，也就有了阳春和阳江，有了阳江的那蓬村。

关山月祖居

  阳江人的"牛"发音为"漠","羊"发音为"阳",漠阳江的本意就是牛羊江,是当地自古遍地是牛羊的写照。古代以"青""春"表示东方,漠阳江东边的这个县就叫阳春县(今阳春市);中国传统文化又以山北水南为阳,漠阳江流到了下游的这个县时,因为在水南,所以叫阳江县(今阳江市)。漠阳江再从阳江发出一条支流叫渡头河,从县里向埠场镇那蓬村流淌,最后到了那蓬村的果园自然村,在这里形成了一条浅浅的小河。当时小河上没有桥,要进村就要从小河里蹚过去,可见这个村子之偏。村子里已不再是牛羊满地,而是果实累累的景象。

  果园村不大,当时有18户人家,到现在也只有24户人家。它位于埠场镇的西北,临近阳江港,是冲积平原上突起的一个小土阜,大河环绕,远峰连绵,小巧而秀气。村里有一棵大榕树,是建村的人所植,有300年的树龄。它枝繁叶茂,树荫覆盖百余平方米,像一位长辈,护佑着代代儿孙。

  果园村的人们主要以种果树为业。荔枝、龙眼、黄皮、番石榴、柚、杧果等果树,让村子四季都掩映在果树的绿色之中。管理果树之余,村民也种水稻。不过

关山月作品《石上大榕千岁树》

村子并不富裕。村里没有地主,没有富农,连中农也没有,只有关山月的父亲是一个小学教员,算是村里的头面人物,家庭也一度是尚可温饱的书香门第。

第二节

母亲的心愿

水一般的村庄一定会造就水一般有灵性的姑娘，山一般的村庄也一定会造就品性坚韧的姑娘。关山月的母亲属于后者。

她是一个苦命的姑娘，我们并不知道她的名字，只知道她姓陈。

她娘家在阳江县织篢山区的一个小山村，家里很穷。她6岁时就被家里人卖出去做婢女，在自己还需要别人照顾的时候，却要天天起早贪黑地照顾别人。在这种环境下，她长大了，16岁的她，已经是一个有模有样的大姑娘了。

有一天，她被关山月的父亲关籍农一眼看中。关籍农让人来提亲，要娶她做小老婆。

关籍农的父亲关鹤俦是清朝拔贡。在那个时代,未参加过科举考试的学子统称为"童生"。童生试有三试:一是县试,主持考试的为本县县官,分四场或五场进行,分别考八股文、试帖诗、经论、律赋等;二是府试,县试录取的童生方可参加;三是院试,设两场,一为正试,二为复试,由府试录取的童生参加,由各省学政主持考试。三次考试得过,录取者就是生员。生员名目有廪生、庠生、增生、附生,统一叫作"秀才"。各府、州、县生员(秀才)中成绩或资格优异者,升入京师的国子监读书,称为"贡生"。清朝还有每 6 年或 12 年从生员特选一次的制度,叫"拔贡"。贡生的意思是以人才贡献给皇帝,经过学习和朝考合格,可以充任京官、知县或教职。

关鹤俦中过拔贡,就有了功名,相当于做过官,家里便有十多亩田地,还有一个小书斋,后面是一个小花园,种有荔枝树和梅花、兰花、翠竹等。花园门口挂着一副竹刻的对联:"为室困树,补层牵萝。"

家庭是书香门第,关籍农本人也是才华横溢。当地人都知道,当年他本该参加童生试,但有人愿意出一大笔钱雇他替考。家境困难且自负考秀才就如囊中取物一般的关籍农同意替考,心想自己明年再考就是了。结果他替别人考中了秀才,第二年朝廷却取消了科举,他没有出路了……

这样的书香门第,不要说在偏僻的乡村里十分抢眼,就是在县城里也是引人注目的。这样有才情的公子,不要说在当地,就是在府里、省城,也同样是耀眼的明星!这样的公子看中了你,那还有什么说的?

陈姑娘幸福满满,嫁给了关籍农。1912 年 10 月 25 日(农历九月十六日),也就是辛亥革命的第二年,她生了一个眉头之间有一颗痣,也就是中国人所说的有"双龙戏珠"面相的男孩。

双龙戏珠,这是多好的面相!村民们纷纷祝贺,说眉是观察思想、感情、兄弟朋友助力之处,眉头代表感情,眉尾代表智力。两眉间有黑痣,表示为人聪明,是一个多才多艺的人,事业上会得长辈器重,婚姻也会很美满,将来会拥有庞大的事业。但也有村民提醒，眉间有黑痣，一生中会有一次水险。

关籍农听着村民们的祝贺，脸上挂满了笑容，心里却记下了那一分提醒。他是一个开明的知识分子，虽然身处广东阳江一个偏僻的小山村，但秀才不出门，便知天下事，他已经看到了新时代的来临。他为儿子起名关应新。这是关山月的第一个名字。

小老婆的地位是很低的，关应新的母亲并没有因为生了一个儿子就改变地位。

关应新是乖巧的。懂事后，他常常帮母亲做家务。他最拿手的本领是削竹篾。

村子靠近渔港，村里女人们的副业就是织渔网。织渔网要用到梭子，如果梭子坏了就要修，这就要用到削篾的手艺。关应新常帮母亲修梭子，他的竹篾削得又快又好，这样，村里人都来找他母亲修梭子。

1918年，关应新6岁，进了九乡私塾读书。这一年清明节，他随大人到山里扫墓回来时，村边的小浅塘涨水了。河上没有桥，走在前面的孩子个子高，年龄大，蹚着水就过了河。小个子的关应新也跟着蹚进了水里，不料脚下一滑，水没过了他的头顶。因为人家说过他的一生会有一次水险，所以他没有学游泳，这下遇到了灭顶之险，他竟然没有办法自救。好在抬着他父亲的轿子跟了上来，轿夫眼尖，看到了就要没顶的关应新。轿夫放下轿子，跳入河中把他捞了起来。

儿子逃过命里的水险，父亲在后怕之余十分高兴。他心胸宽广，想得更远一些，觉得河上没有桥，其他孩子与老人也会遇险。于是，他自掏腰包，在河上建了一座石板桥。

九乡私塾于1922年改名为关村小学，逃过一劫的关应新在此读书。不过比起读书，他更喜欢的是画画。

农村的孩子没有玩具，关应新就到处拾碎瓦片，就地画画。如果能捡到一块木炭，就是他最开心的事。他的母亲全力支持儿子画下去，她要儿子一直画，画出出息来。

可是画画不能光用木炭在地上画,还需要颜料、笔与纸。母亲便到山上去砍柴,然后采一大包黄色的栀子回来,用栀子泡出黄色。她还会早早起床,走四五十里路去罗琴山,砍一担质量很好的柴,再走二十多里地,去平岗圩卖掉,用得来的钱买一两刀竹纸来给儿子画画。写书法、画中国画的人都知道,竹纸是一种有宣纸的效果但比宣纸便宜很多的纸。纸虽然便宜,但对于一个贫苦的母亲来说也得之不易。母亲苦苦坚持,她只有一个心愿,就是要让儿子学好一项本领,为自己争口气!

关应新记下了,他在全力用功,但他最想要的红色却一直得不到。

人越穷越喜欢红红火火,红红火火成了中国人的一个生活理念。关应新也需要红色,他要用红色画出自己压也压不住的热情!

母亲用红砖磨过粉,也采摘过红花来泡水,但都不够红。这也难怪,红色颜料属于矿物颜料,古代的红色用的是朱砂,或叫丹,有专门的丹矿。用植物来做红色颜料,哪里会有大红的效果!

关应新7岁那年的春节,村里家家贴出了春联。春联可都是大红的纸呀!关应新心里一动。

第二天,村里就出了怪事——一个晚上过去,家家大门上的春联都不见了。

全村人议论纷纷,吵吵嚷嚷地要找出破坏风水的人。

母亲心里一动,忙回家去追问儿子。一进家门,就看到关应新正小心地避开黑墨,把春联的红纸一点一点撕下来泡进水里。她看到了儿子乐开花的笑脸——他有了一大盒红颜料了。

母亲没有惊动儿子,而是出门向大家一一赔礼道歉。听说关应新是拿春联去做颜料,不是故意让大家触霉头,又看在他是一个7岁的孩子,父亲又是德高望重的老师的分上,大伙儿纷纷说:"这次算啦,以后叫他不要再撕了。"

乡亲们原谅了关应新,村庄平静了,但父亲知道此事后却不依不饶。知识分子都是极要脸面的人,他怎么能让儿子做出这样对不住乡亲们的事?他气冲冲地跨进了关应新的房间。关应新闻声抬头,看到了身穿灰色长袍,国字脸上两撇胡子气得直翘,手杖在地上敲得咚咚直响的父亲。

父亲上来先找儿子的碴儿——翻看作业本和习字本。他看到,习字本上没有字,是画;作业本上也没有作业,也是画。父亲这下找到理由了,大声说:"以后不准再画画,要好好读书!"

关山月与父亲关籍农和长兄关泽霖合影

"为什么呀?"关应新不是顶撞父亲,他只是不明白,自己为什么不能画画?就是责骂他、不让他画画的父亲,不是也常常为别人画扇面、帐眉(床帐门的上端作装饰用的横幅)吗?

父亲不愿意多说什么,说多了,这个年纪的孩子也不明白。画画,看似风流儒雅,但在中国古代并不是知识分子的主流职业,只被视为修身养性的雕虫小技,专门以画画为生的人是工匠之列,是登不了大雅之堂的。于是,父亲只严厉地说了一句话:"画画没有出息,读书才是正经事!"

关应新点点头,没有再说什么。这事就过去了。但母亲还像往常一样,一如既往地支持他画画。父亲也许知道,也许不知道,也许故意装作不知道……儿时的关应新,就这样把学画坚持下来了。

第三节

梅花

穷人家贴红红的春联,是希望生活旺旺的。关应新要红颜料,是要画家里红红的梅花。

父亲酷爱梅花,不但养护,还常种新梅。种新梅时,会让关应新去提一小桶水,拿一把剪子来帮忙。父亲不仅是在教孩子爱劳动,更重要的是在养成孩子的品格。他告诉关应新,梅花的香是与其他花的香不同的。因为这是一种不怕寒冷、耐得辛苦的香。关应新似懂非懂,但在梅花开时,他看到了自己的劳动果实,感受到了梅花怒放时的美。他一看就是大半天,直到梅花一朵朵在自己心中活起来。同时,他也有了用红色来画梅花的冲动。

让当时的人们没有想到的是,关应新终身崇敬梅花,最后竟成了"当今画梅第一人",他画的梅被人们誉为"关梅"。那是他成为大师后的事了。

这时还是1922年,关应新才10岁。阳江县织贡圩小学聘他的父亲关籍农任教。关籍农答应了,他觉得儿子也应当从旧式的私塾走出来,去上新式学校适应新社会了。为纪念这个人生转折点,他给关应新改了一个更大气的名字——关泽霈,然后带着他一同进了县里的新式小学。

一到新式小学,关泽霈就喜欢上了这里的一切。倒不是学校有什么新奇,而是这里有一片梅林,每当课后,他就会背着父亲偷偷地画梅。

他以为父亲不知道,其实父亲把这一切都看在了眼里,却并没有阻挠。也许,他觉得知识分子画几笔画并不算错,也许还觉得儿子有一门手艺,以后也会多一条安身立命之路。

这一天,他把儿子叫到办公室,劈头就问:"泽霈,你不是会画梅吗?"

画梅的事肯定是被父亲发现了,关泽霈不知道父亲会如何处罚他,所以嗫嚅着,不知道说什么好。

父亲打开办公桌的抽屉,从里面拿出几把白纸扇交给他:"拿去,帮我画几把梅花扇。"

关泽霈接过白纸扇,有点不敢相信自己的耳朵。父亲白天上课,课余时就画画,挣些钱贴补家用。"爸爸为了这个家,好辛苦。现在,我可以为爸爸分担辛苦了。还有,爸爸认可我的画画了!"他抱着白纸扇高兴地跑了出去。父亲在他身后爱怜地点着头。

关泽霈先画好了一个扇面,拿给父亲看。一条浓墨虬枝,满枝点点红梅,苍劲而生气勃勃,尤中老人心境。父亲一向严厉,但这次给出的评语却充满爱怜:"不像是小孩子画的。"

扇子"交货"了,主顾送来了纸、笔、墨,还有真正的颜料,其中就有关泽霈最喜欢的红颜料。主顾说,自己还想要几把这样的扇子。

关山月作品《梅花俏笑报新春》

看到纸笔和颜料,关泽霈那个高兴呀——这是他的第一笔润笔,这时他才10岁。

1925年,关泽霈转到平岗小学读书。1928年,他考入阳江师范读初中。学习之余,他继续帮父亲画了不少扇面、门帘、帐眉。他的画风和画技都是父亲传给他的。小小年纪的他,已经在阳江县小有名气。

关泽霈的童年,是绘画的童年。他的绘画之路,从一个有着绘画氛围的家庭出发,从有一片梅花的村子出发,走向县城,走向城市。

第二章

广州圣地

GUANGZHOU SHENGDI

山沟沟里能出艺术家吗？不能。不到大都市来，就学不到最先进的知识，得不到艺术展示的舞台。大城市，从这个意义上讲，是艺术家的圣地。

第一节

来到广州

　　广州,华南的大都市。公元前 214 年,秦始皇设置了桂林郡、南海郡、象郡三郡。南海郡含今天的广东大部,郡治番禺,首任郡尉是任嚣,广州的第一个名字就叫任嚣城。

　　秦末天下大乱。病危的任嚣将郡尉的权力交于赵佗。公元前 204 年,南海郡尉赵佗兼并了桂林郡和象郡,据有岭南(今广东、广西大部、越南北部),建立了疆土"东西万余里"的南越国,定都番禺,这是岭南地区第一次建都城。这时的番禺城长十里,俗称"越城"或"赵佗城"。

　　公元前 196 年,汉高祖刘邦派遣大夫陆贾出使南越,劝赵佗归化中央政权。高祖十二年(前 195),赵佗接受了汉朝赐予的南越王印绶,臣服汉朝,使南越国成为汉朝的一个藩属国。汉武帝元鼎四年(前113)，南越国丞相吕嘉叛乱，汉武帝派军平叛。元封五年(前106)，汉武帝将南越国改属交州。公元217年，三国东吴的交州刺史步骘将州治迁回番禺，扩大城池，广州就有了"步骘城"之称。公元226年，孙权将交州分为交州和广州，"广州"由此得名。

清乾隆二十二年(1757)实行"一口通商"，广州成为中国唯一的对外通商口岸，外国商人来华交易，都要找指定的行商作为贸易的代理，这些指定的行商所开设的对外贸易行店，就是"十三行"。这时的广州，率先敞开国门，接纳了世界。

鸦片战争后，洋务运动兴起，广州开设了同文馆、广州机器局。武昌起义爆发后，广州成立了广东军政府。1917年11月10日，为打倒袁世凯的北洋军阀，孙中山在广州立了中华民国军政府，发动了"护法运动"。孙中山被选为海陆军大元帅，这是他第一次在广州建立政权。1918年广州市政治公所成立，广州开始以省会的面目设市。此后，广州一直以海纳百川的姿态吸引着东西方的政治、经济与文化的注入，以革命的姿态引领着近代中国传统文化的发展。

就是这样一座古今融合、东西融合的大都市，在1931年夏天，向关泽霈招手。当年广州市有3所学校向他发出了录取通知书，一所是广州市立艺术专科学校美术系，一所是广州市立师范学校(本科)，另一所记载不详。

按照关泽霈的心愿，他想上的是广州市立艺术专科学校，这也是阳江师范的老师与同学共同看好的。但父亲的态度却是坚决的："我们上广州市立师范学校！"

关泽霈没有反对，他知道父亲这样做的原因是家境困难。在阳江读书时，父亲除了利用一切时间赚钱外，还时不时地靠典当渡过难关，有一次还典当了村社暂时存在他们家的大铜锣。这样贫困的家境，是交不起市立艺术专科学校的学费的。而广东市立师范学校免收学费，这对贫穷的家庭来说是一个恩惠，贫穷的父亲没有理由不选它，关泽霈也没有理由不服从父亲的选择。

关山月作品《榕荫曲》

  关泽霈到广东市立师范学校报了到。放下铺盖卷,他做的第一件事就是到心所向往的广州市立艺术专科学校去参观。

  广州城北有一座不高的越秀山,在东晋时即为道教名山。山下有一座道观,叫三元宫,里面有清朝政府赐的"葆光励学"匾和平南亲王尚可喜捐赠的大钟。传说东晋时,南海太守鲍靓生了一个女儿,名叫鲍姑,她长大后自愿嫁给了道士葛洪。葛洪字稚川,自号抱朴子,晋丹阳郡句容(今江苏句容县)人,精通道教、炼丹和医学。鲍姑也跟着他学了医,尤其擅长针灸,能为百姓脱病痛。东晋元帝大兴二年(319),鲍太守为了满足女儿鲍姑修道行医的愿望,在当时已近荒废的北庙基础上建造了一座观,取名越岗院。明永乐年间,都指挥使花英又在山顶建了观音阁,此山因此又被称为"观音山"。明崇祯十六年(1643),朝廷的一位钦天监来到广州,他夜观天象后对当地乡绅说:"天卫三台列宿,应运照临穗城。越秀山气势雄厚,应将越岗院改为三元宫,祀奉三元大帝,以应天上瑞气。"当地乡绅遂集资将越岗院改建,并命名为三元宫。

当时的广州艺专就设在越秀山的三元宫里。居住在如此仙境里,艺专进进出出的师生个个都带着艺术的气息,令关泽霈一半是羡慕,一半是叹息。不过他在叹息之余也坚定了自己的信念:决不放弃绘画。

第二节

岭南画派创始人高剑父

关泽霈买了《芥子园画谱》不断临摹,而且有空就去广州的文德路、西湖路、第十甫路的裱画铺里去看画。

又是一个星期天,关泽霈照例来到西湖路。逛到一家裱画铺时,一幅刚裱好的苍鹰图挂上了墙。这是一幅多么夺人眼球的大作——巨石、苍鹰、如炬的目光、钢铁般的利爪。鹰正要展开翅膀,一飞冲天,把"天行健,君子以自强不息"的精神十分感性地表现了出来。他喜欢上了这种追求具象逼真,又用逼真的具象表现深深内涵的画风。细看落款,原来是高剑父的大作。

高剑父与其弟高剑峰,和陈树人同为岭南画派的创始人。他的祖父高瑞彩、父亲高保样均擅医学、武术与书画。高剑父兄弟六人,他排行老四,高剑锋排行老五。他的个性用一个词就可以概括——革命。

高剑父早年肄业于广东水陆师学堂及岭南学堂,后师从居廉研习绘画。居廉是近代岭南地区最著名的花鸟画家,他字士刚,号古泉,与从兄居巢并称"二居"。慈禧太后寿诞,居廉应广西巡抚王之春之请画百花寿屏以献,一时名动公卿。高剑父以岭南大家为师,起点很高,继而东渡日本留学,与日本画家山本梅崖等人交流最多。山本梅崖既钻研中国宋代米芾的艺术风格,又对西洋画风有所借鉴,他的这种风格对高剑父影响很大,引发了高剑父改革传统中国画的志向。之后,高剑父进入日本东京美术学院,研究日本和欧洲绘画。在东京时,他与廖仲恺、何香凝夫妇同住一处,成了挚友。他在东京加入的美术团体有白马会、太平洋画会和水彩画会。白马会以倡导近代风景画见长,太平洋画会会员也多有留学西洋的学者,水彩画会则努力把西洋画的技法融入日本画家最擅长的水彩画中。在这种艺术氛围中,高剑父为自己改革中国画的志向打下了技艺和观念的基础。

改革中国画,也可以说要革命中国画。不过高剑父没有先搞中国画的革命,而是先参加政治革命去了。

1906年,高剑父在日本认识了廖仲恺和何香凝,在他俩的介绍下加入了孙中山的同盟会。1908年,他奉命回到广东,组织了同盟会广东支会并担任会长。1909年,在广州河南的鳌洲外街担竿巷,高剑父开了一家裱画店,名叫"守真阁",是同盟会广州分会的总机关。还是在广州河南,保安社附近,他又开了一家"美术瓷窑",挂着"博物商会"的招牌,对外宣称是日本人办的,里面藏着起义用的军火。1910年,广东分会成立了"支那暗杀团",团长刘思复,副团长高剑父。1911年4月27日,同盟会领导人黄兴组织了广州黄花岗起义,高剑父也参与了这次起义。起义前,参加者以抓生死阄的方式分配任务,高剑父抽到的是"生阄",即担任外围接应和军械运输的工作。起义的枪声打响时,高剑父率人在广州南门接应前来攻城的同志。久等不见来人,高剑父便自行强行进城。清军发现后开枪阻击,高剑父攀上屋顶,扔下一枚炸弹。清军一齐向他开枪。高剑父右脚受伤,趁乱逃走。

不久得知起义失败,高剑父乔装成小贩脱了身。武昌起义半个月后,1911年10月25日清晨,清廷号称"铁腕将军"的凤山乘船前来广东,在天字码头上岸。高剑父组织暗杀团成员,在创前街的成记洋货店、双门底、惠爱街设置了3个暗杀点。当凤山在清兵护卫下行进到成记洋货店楼下时,一块木板松开,一个大炸弹落了下来,将凤山与20余名卫兵一同炸飞。

辛亥革命成功后,高剑父急流勇退,表示"永不做官",他要去实现自己改革中国画的理想。他与弟弟高奇峰来到上海,创办了审美书馆和《真相画报》。此后,他曾多次尝试筹办美术瓷厂和中华瓷业公司,亲手绘制彩瓷工艺品。孙中山逝世后,他回到广州,把全部精力投入了新国画运动的倡导中。

1920年,高剑父与弟弟高剑峰在广州的高第街租得一楼,创办了画院。黄兴根据诸葛亮诗"草堂春睡足,窗外日迟迟"为画院题写匾额——春睡画院。

1923年,高剑父发现广州城墙外的朱紫街87号有一套安静的住宅,价格十分便宜。一打听,原来这处房产是环翠寺的,因为做过义庄(俗称"棺材庄"),收敛过死人,没有人肯要。高剑父不信鬼神,他更看中的是这套房子的清静,于是他廉价购下此宅,将全家都搬到此处,之后春睡画院就固定在了这里。

以春睡画院为基地,高剑父推行起自己"新国画"的主张:"折衷中西,融汇古今。"他的口号是"新兴的中国画,时代的中国画,革命的中国画"。由此出发,岭南画派重视现实生活的特点十分明显,现代意义上的革命性也十分明显,认为"艺术是生活的雕像、现实的反映""提倡艺术革命是为艺术创造新生命"。

在岭南画派最具青春活力之时,关泽需来到了广州,看到了岭南画派创始人高剑父的苍鹰画。他决心学习高剑父的画法。

正巧,高剑父在广州城里的长堤青年会举办春睡画院师生画展。关泽需闻讯，抽了一个星期天去观摩。这是一场多么动人心魄的展览呀！没有古代文人画的那种幽怨，没有古代宫廷画的那种做作，更没有临摹古画留下的斧痕，春睡画院师生们的画中有扑面而来的现实生活气息，有一种被艺术化了的生活美。

关泽霈非常想见到高剑父并拜他为师，但那天并不是开幕式，高剑父没有出现在展会上。他还打听到，春睡画院的学费高，一人要200块大洋，他没有能力交这笔费用。所以，他只能认真记下高剑父的构图和用笔、用墨、用彩的方法，继续自行修炼。

关山月作品《瑞鹤图》

第三节

患难成夫妻

1933年是关泽霈生命中最不幸的一年,这一年他21岁。

通过对高剑父画风两年的研习,关泽霈的绘画水平有所提高。学校校庆举办画展时,他画了一幅西北军将领马占山骑骏马、挎手枪、举望远镜的人物画。此画是他抗日画的开始。他也因此一炮走红,被学校图工体乐科的同学视为"圈友"。

同年,学校组织即将毕业的学生到江浙考察教育,关泽霈与老师、同学到了香港,之后坐上"日本皇后号"去上海,再考察杭州、苏州。所到之地,他都会写生。在苏州,有一对外国夫妇要买他的画,他把画送给了这对外国夫妇。这是他的第一幅出国作品。

然而坏消息接踵而来。在他进行毕业实践的这段日子里,母亲去世了。他人在外地,收不到书信,连母亲的最后一面也没有见上。

实际上,这一年关泽霈接连失去了3个亲人。刚过了年,他最小的妹妹不明不白地去世了。接着,他的大母生病,三个月后去世。现在,他的生母又去世了。他从家中来信得知,父亲的日子已经过得十分艰难,把仅有的三亩田产抵押给了邻村的地主,才凑了一点钱,把丧事办了。

他本来是想毕业后升入广东省立勷勤大学学习的。那是一所成立于1932年的综合大学,由省政府主席林云陔兼任校长,学科齐全,教师人才济济。但面对如此贫困的家境,关泽霈只能放弃继续求学的愿望,进入广州市第93小学,成为一名教师。

因为刚到学校报到,关泽霈不好意思请假,上了一个月的课后,他才向校长何恩绶请了几天假回家奔丧。

母亲早已下葬了,家里只有骨瘦如柴、一贫如洗、重病缠身的父亲。这是关泽霈最后一次见到父亲。回到广州没几天,他又接到噩耗:父亲走了,给他留下一个外祖母和一群弟妹。

他安葬了父亲,把外祖母送回老家,把最小的才5岁的八弟送到已出嫁的妹妹家当牧童,五弟、六弟送进了广州市芳村孤儿院,最后一个七弟,他带回了学校,放在自己身边。

书香传世的关家就这么散了。关泽霈叹了一口气,坐到了办公桌前,打开学生作业开始批改。他想把自己拉回正常的生活中,然而却被作业本上的一段文字惊呆了:"父亲病倒了,没有钱请医生,没钱买药,连买米的钱也没有……我想退学去做工,退了学就没有书读了,不知怎么好。"他忙翻到作业本的封面,看到上面的名字——李淑真。

关泽霈知道,她是班里年龄最大的一个女同学,已经15岁了。平时,她总抢着做班里的事，还会帮助年龄小的同学。她家里是真的这么苦，还是仅仅为写作文而编了故事？

第二天放学后，关泽霈把李淑真留了下来，让她把情况讲一讲。原来，她家真的那么苦——

李淑真本姓黄，番禺人，父亲叫黄有，生了7个孩子。算命先生说她"脚头重"，广东话的意思就是她会妨碍家人和比她年龄小的孩子，会给家门带来戾气，于是父亲就把他送给同乡李秋山当养女。李淑真便由黄姓改为李姓。

李秋山性格直爽，是个粤剧演员。他没有子女，对李淑真很是疼爱。但李秋山演了一辈子的戏都没有演出名，现在年纪大了，也没有哪个名剧团肯要他。有时候有班主组织"过山班"（即临时的演出班子）去乡下演出才会来找他，他才能得到一点收入。如果好长一段时间没戏演，就只能举债度日，因此家里十分贫困。

李淑真11岁时，养父得了肺病，再也不能登台了。家里没有了收入，父亲还要养病，懂事的李淑真便提出把自己卖了，换钱给养父治病。家里确实没有其他办法，养父便把她卖到广州市龙导尾街上的一个地主家，换回钱来治病。李淑真就在地主家当起了奴婢，白天有各种活要干，晚上还要为地主婆按摩、装烟。

不到一年，养父的病有了好转，又连着遇上几个登台的机会，赚了些钱，就把李淑真赎了回来。14岁时，养父把李淑真送到第93小学读书。她年纪偏大，直接上了三年级。第二年，15岁的她进了四年级，班主任就是关泽霈。然而，当希望刚刚升起时，父亲又病了。这次病来得急，来得重，李淑真不知道怎么办才好，才在作业本里倾诉了一番。

关泽霈听完李淑真的讲述，从口袋里掏出几个银毫子递给她。他的家境也十分困难，但他还是对李淑真说："拿回去吧，去给你爸爸抓服药。"

李淑真养父的病一天天加重，家里的债台也在一天天增高。李秋山说："把我送到方便医院去吧！"已经没有其他办法的李淑真和养母只能照他的话做了。

1899年，广州瘟疫流行，市民病死无数，将死者呻吟不绝。几个有名望的绅商吴玉阶、陈惠普等出面，自发募捐，在城西门外金子湾购得地段，设立城西方便所，收治无钱就医的穷人并收殓无主的尸体。1901年，城西方便所与城北方便所合并，改名为城西方便医院。到了1920年，方便医院已有病房16间，可收容百余人。1927年，广州明善堂并入，成了方便医院的第一分院。这所医院并不是高级医院，但对穷人来说却是一处没有希望的希望所在。

方便医院收留了李秋山，但治不好他的病。进院没两天，李秋山病逝。

养父一去世，养母连夜不辞而别。第二天，李淑真打开家门时，看到的是愤怒的债主们。他们把李淑真赶出了门，在李家大门上贴上了封条。有的债主还大声嚷嚷："这破房子能值几个钱，把李秋山的丫头捉去卖了，还能抵几个钱！"

夜晚，李淑真没处去了，她想到了死。她到了学校，看了一眼自己眷恋的校舍和老师，然后一步步来到海珠桥上。她爬上了护栏，眼睛一闭就要往珠江里跳，却被人一把抱住。她睁眼一看，是学校的杂工——自梳女杏姐。

1949年以前，出嫁的姑娘当天就要把头发盘起来。在清代末期的广东，受西方女性解放、妇女劳动岗位增多等因素影响，产生了女子自己把头发盘起表示终身不嫁的风气，这些女子就被称为"自梳女"，她们往往是性格坚强的女性。

杏姐就是这样的女性。她平时关心弱势学生，也常常把李淑真拉到自己的小房间里一同吃饭。她知道李淑真的养父刚去世，就对她特别关心。当看到她一步步向珠江走去时，就悄悄地跟在她身后……

她把李淑真抱在怀里，轻轻地搂着："淑真，你的路还很长呢，你要坚强呀！人，只要活着，办法总会有的！你先跟我住吧，咱们住下再说。"

就这样，李淑真住进了杏姐的小屋里。学校有一位叫张英逢的老师还出面在教师中开展募捐,给李淑真送来了温暖。

到了星期天,学校里就只有杏姐、李淑真以及关泽霈和弟弟。两个男人,家务事不太在行,李淑真就会帮助老师洗衣服。这个情景给了张英逢老师一个灵感,她想,让关老师娶了李淑真岂不是两全其美?于是她就出面为两人做媒。

1935年9月2日,教师们凑钱,在广州惠如楼摆下两桌婚礼酒宴。

再穷的婚礼也是婚礼,穷人的婚礼也是穷人的大喜日子。这一天大家都很高兴,只是李淑真没有来。她只有两件破旧的衣衫,平时洗一件穿一件,没有像样的衣服,她没脸走进酒楼。关泽霈理解她,与同事们喝完了酒,就回家高高兴兴地与妻子圆了房。这一年,关泽霈24岁,李淑真17岁。

从此,他们结为了终身伴侣,关泽霈的新生活也开始了。他每天清晨起来,先认认真真地磨出一池墨,用一天的时间画完。李淑真则节衣缩食,用丈夫的四十七元五角银洋安排好日子。她会把好菜好饭省下来给关泽霈和小叔子吃,自己则躲到小厨房里以青菜充饥。

那时任第93小学校长的卢燮坤是一个书法篆刻家,又与甲午海战中牺牲的民族英雄邓世昌的儿子邓文正交情很深。邓文正住在学校附近的龙导尾街,也是一个艺术家。更难得的是,邓家还收藏有很多难得一见的碑帖、印谱。卢校长很关爱关泽霈这个有才华的穷教师,就把他引见给了邓文正。邓文正家的藏帖,成了关泽霈艺术学习的宝库。

好妻子,好校长,好同事,好朋友,第93小学,让关泽霈苦中有乐,技艺日进。

第三章

进入圈子

JINRU QUANZI

做哪一行就要进入哪一行的圈子。进了圈子，你就会有长足的进步。1936年，关泽霖进入了绘画界，圆了自己作高剑父弟子的梦。

第一节

中山大学

广州有一座中山大学,其前身是 1924 年 6 月 21 日由广东农业专门学校、广东法科大学和广东高等师范联合组成的国立广东大学,孙中山任命著名政治家邹鲁为首任校长。1925 年 3 月 12 日,孙中山逝世,廖仲恺提议将国立广东大学更名为中山大学,10 月获得国民政府批准。广东公立医科大学、国立广东法科学院、广东省立勷勤大学工学院先后并入。1926 年 3 月,郭沫若就任文科学长,郁达夫任英国文学系主任。1926 年 7 月 17 日正式更名为"国立中山大学",成为广东最高学府。1927 年 1 月,鲁迅被聘至中大任文学系主任兼教务主任。

到了 1936 年,岭南画派创始人高剑父在主持春睡画院的同时，还担任了南京中央大学和广州国立中山大学的教授，每周有两个晚上到中山大学讲学。

晚上教学，这对关泽霈来说是一个极大的吸引。他从 1931 年开始自行研习高剑父的绘画技艺与画风，到现在已有五年。五年中，他的绘画技艺在提高，渴望得到高剑父亲自指点的愿望也愈加强烈。

他来到中山大学，看到大门边有一张小桌子，边上立有"报名处"的牌子，墙上贴着招生简章。只是他高高兴兴地来，却被招生简章泼了一盆冷水。简章上面写得很清楚：培训班只招有中山大学学籍的学生。

关泽霈不甘心。他从广州市立师范毕业后就找了工作，而他的同学温泽民则继续求学，现正在中山大学就读。

他找到了温泽民，讲了自己想报名上高剑父绘画培训班的想法。温泽民二话没说，把自己的学生证借给了他。关泽霈回到校门口，冒用温泽民的名字报名、交费，接着进班学习。

第 93 小学在珠江南岸，中山大学在珠江北岸，每次学习都要过江，路程也不近。但关泽霈珍惜这次学习机会，无论刮风下雨，他从不缺课。

高剑父个子不高，讲课十分幽默，还爱开玩笑。他知道学生中有一位是做法官的，就出了一个上联："法官不法。"法官学生反应也快，对了下联："高师不高。"班里同学笑成一团。他教学生绘画的笔墨基本功时，会把自己的画与学生的画一起挂起来，隐去名字，先让学生讲评，然后自己讲评。一次，女学生黄庆云被叫起来评画。她竟选中高剑父的画点评起来："这里画得好，那里画得不足。"评完了，高剑父笑着说："我画的画你也敢批评！"她这才知道自己点评的是高剑父的画。高剑父笑着说："你批评得很正确。"

有一个同学画画还没有入门，高剑父没有直接说他画得不行，而是说："笔好，纸好，颜色好，墨好，无一笔好。"大家听出来了，他是在婉转地说："笔好，纸好，颜料好，墨也好，但画的没有一笔是好的。"听出了话外音，大家又笑成一团。

这一天,高剑父在课堂上巡视,来到关泽霈身后就不走了。正在画画的关泽霈,汗马上流下来了。因为是冒名顶替的,所以每次进了课堂,他都会选一个不起眼的地方,认真听老师讲,再自己认真画。现在,老师竟来到他身后不走了,莫非自己冒名顶替的事被老师发现了?

高剑父看了许久,等他画完,便把他的画从画板上取下来,贴到黑板上进行点评。他高度赞扬了这幅画的构图、笔法与着色。点评完了,高剑父问:"你叫什么名字?"

"关泽霈。"他不想再欺骗老师了,说出了自己的真名。

"你是哪个系的?"高剑父问。

关泽霈红了脸,说自己是第93小学的,因为喜欢画画,就冒同学的名来上课。

"你在哪所学校学过画?"高剑父又问。

"没有,自学的。平时就到装裱铺转转,还到春睡画院办的展览去参观,看到老师的画,就学着临摹。学得不好,请老师批评!"关泽霈羞赧地说。

高剑父点点头,又从关泽霈画的画中选出一张玫瑰图,钉在了黑板上,做了讲评,话语中多有夸奖。能得到高剑父的指点,多么难得!关泽霈认真记录下了老师的讲评意见。

下课了,高剑父走到关泽霈面前,说:"这里你不要来了。"关泽霈慌了,以为老师要依规把他赶走了。高剑父又说:"这里每周才两节课,学不到什么的。你到春睡画院来学画吧。"

狂喜涌上心头,羞怯也涌上心头。关泽霈说:"上您的课,学费要200块大洋,我一个月才47块钱薪水,我上不起的……"

"我免费教你,你来吧,不用交学费!"高剑父说。

关泽霈热泪滚滚。

高剑父又说:"当画家,名头要响亮一点。你姓关,我就给你改个名字,叫关山月吧!"

李白当年写过一首乐府诗叫《关山月》,他读师范时读到过:

> 明月出天山,苍茫云海间。
> 长风几万里,吹度玉门关。
> 汉下白登道,胡窥青海湾。
> 由来征战地,不见有人还。
> 戍客望边色,思归多苦颜。
> 高楼当此夜,叹息未应闲。

天山,即祁连山,汉时匈奴称天为"祁连",所以祁连山也叫作天山。这首诗将边塞的风光与艰苦描写得十分刻骨。也许老师是看中了他穷困中的志向,或许是老师联想起了自己早年艰苦卓绝的斗争岁月。关泽霈不知道老师为他起这个名字的本意是什么,但他体会到了老师此刻的爱才之心。

从此,关泽霈就改名为关山月,他的作品中也总有一种天山、边关、明月的大气度。

第二节

澳门福地

1937年7月7日,日军的炮声在卢沟桥响起。中华民族进入危亡之际。

广州的第93小学停办了,关山月失业了。没有了收入,付不了房租,房东便逼他腾房。

广州师范的同学廖绍源替他在孚通街廖氏同乡会借到一间房,暂时解决了住宿问题,还给李淑真在顺德县勒流乡荣村小学谋了一个代课老师的职位。1935年李淑真与关山月结婚后,第二年就生了一个女儿。为了出去工作,李淑真就把孩子送到乡下的妹妹家抚养。不料半年后,女儿竟病逝了。这时,她又怀上了第二个孩子。她珍惜这份难得的工作,改名为李小平,而且上班后不久就打了胎。她用自己的坚强支撑着这个家,关山月则在民族的危亡中坚持着对艺术的追求。

高剑父也伸出了援手。他让关山月住进自己家,给他提供生活费和学习费用。高剑父的艺术理念,得以在最短的时间里被关山月学习。

高剑父虽然高举中国画革命的大旗,却不主张割断传统,而是主张传承世界各国的古代艺术,为今天所用。他说:"我的艺术思想、手段,不是要打倒古人、推翻古人,而是想取古人之长,舍古人之短,所谓师学舍短,弃其不合现代的、不合理的东西。是以历史的遗传与世界现代学术合一之研究,更吸收各国古今绘画的特长,作为自己的营养,使之成为自己的血肉,造成我国现代绘画的新生命。"他主张继承中国古代绘画的笔墨和气韵的传统,对西方绘画的投影、透视、解剖、光阴、远近、空层等技法,也要予以吸收。

高剑父还提倡艺术民众化,要与国家、社会和民众有联系,要代表时代,随时代而进步。这样,他更多地将绘画的选题放在了社会上。他告诉关山月:"如民间疾苦、难童、劳工、农作、人民生活,那啼饥号寒、求死不得的,或终岁劳苦不得一饱的状况,正是我们的好材料。"他还说:"尤其是在抗战的大时代当中,抗战画的题材,实为当前最重要的一环,应该要由这里着眼,多画一点。"他自己也作了表率,早在1915年时,他就画过《天地两怪物》——天上一架怪怪的飞机,地上一辆怪怪的坦克。他用这幅画明确地表达了反对第一次世界大战的态度。

日本侵略者的步伐一天天逼近广州,广州面临着被轰炸的危险。春睡学院的学生大部分都回家了,只有关山月与司徒奇、何磊留了下来。1938年4月,他们随高剑父来到了距离广州约77公里的四会县(今四会市)农村生活和学习,一来可以写生,不中断学业,二来可以躲避空袭的危险。

1938年夏,李小平又失业了。丈夫不在身边,无人可以商量,于是她果断地把七弟关泽霭送到在顺德县(今顺德区)农村教书的四弟关泽雯家抚养。初秋,广州招募女兵,李小平参了军,被编进广州模范团的妇女连,天天进行军事训练。

1938年10月初,高剑父有事回了广州。接着,意外发生了：

10月12日,日军第十八、第一〇四师团从澎湖列岛的马公岛出航,在第五舰队海军航空兵的支援下,在广东省大亚湾登陆。次日,日军狂炸广东惠阳(今广东惠州)。3天后,惠阳失陷。19日,日军突袭广州市外围的增城(今广州市增城区),中国守军2万多人竟一触即溃。21日,时任国民革命军陆军中将加上将衔、第四路军总司令、广东绥靖公署主任的余汉谋率部撤出广州。广州一夜间失陷,全市发生大火。

李小平随部队撤出广州,急行军几天,来到了距离广州250公里的连县(今连州)星子镇。就这样,她与关山月失去了联系。

广州失陷的消息传来时,关山月还在四会。与他失联的不仅有妻子,还有回了广州的老师高剑父。

第三节

寻师到澳门

1938年,关山月26岁。面对突然发生的事变,他本能的想法是:脱离危险地,去找老师。他与司徒奇、何磊分析了一下形势:四会离广州太近,日军一个小时就会赶过来,应当尽早离开。何磊家在顺德,在广州边上,也不能去。司徒奇家在开平县(今开平市)赤坎古镇,离广州130多公里,还是乡下,可以去躲一躲。于是三个人走了五天,千辛万苦地走到了赤坎,来到了司徒奇家。

接下来就是打听老师高剑父在何处。到了第七天,有从广州逃难过来的人告诉关山月,说高剑父去了澳门。关山月立即与司徒奇和何磊商量,要去澳门找老师。

第二天,关山月背上自己的画稿,司徒奇的母亲给他炒了一袋炒米,司徒奇的父亲掏出三块光洋放在他手心里。他告别了司徒奇的父母上路了。两位同学依依不舍,送了一程又一程,叮嘱的话说了一遍又一遍……

一路上,关山月走得很辛苦。他从开平走到广州湾时,炒米吃完了,三块光洋也用完了。他知道老乡关铁民的的父亲在广州湾附近的廉江县(今廉江市)安铺汽车站当站长,就偷偷钻入一辆货车的车厢,到了安铺汽车站。关铁民虽然不认识关山月,但知道书香门第的关家,见过关山月的父亲关籍农。他安排关山月上了一艘送牲口去香港的大船,还给了关山月两块光洋,让他到香港后再坐船去澳门,香港距离澳门约60公里,五六十分钟就到了。关山月照着他的话做,终于来到了澳门。

澳门不大,只有32.8平方公里,市区只有5.4平方公里。关山月先来到了美副将大马路上的普济禅院。

普济禅院创建于明朝天启年间,到1938年,已有300年历史,与妈阁庙、莲峰庙并称为澳门三大禅院,且是其中规模最大、历史最久的庙宇,也是中国南方少数至今保存得极好的禅宗寺院之一。这是关山月要去的理由之一。理由二,它是1844年清朝政府与美国第一个丧权辱国的条约《望厦条约》的签订地。理由三,这座禅寺收藏了历代高僧和许多书画名家的作品,像大汕和尚的遗著《离六堂集》12卷、迹删高僧的草书屏条、天然和尚的行书诗轴《咏百合花之二》、澹归和尚手写的《丹霞日记》、清代画家罗岸先的《米南宫拜石图》、章太炎的行草对联等,都具有很高的价值。关山月相信,老师到澳门一定会去这座禅寺,这里的僧人一定知道老师的下落。

关山月猜得不错,高剑父果然住在普济禅寺的妙香堂里。他早就与住持济航大师很熟,也与大师商量过,如果广州沦陷,就把春睡画院转移到澳门的普济禅寺来办。

看到弟子风尘仆仆,步行40多天追寻他而来,高剑父十分欣慰。他找到济航大师商量,将关山月安置在妙香堂的东厢房住下。

第四节

慧因和尚

关山月在禅寺里住下了。

老师对坚决追随的弟子总会高看一眼。高剑父拿出了自己不轻易示人的一幅幅古画,让关山月临摹,并耐心指导。这是关山月一生四次重点临摹中的第二次。这一次的临摹,让他的画技一下子超过了其他弟子,也让他打下了传统技法的扎实基础。

只是关山月的生活仍很困难。他不是寺院的人,不能与僧人们一同吃饭。关铁民给他的两块光洋也所剩不多了,他每天只买一个面包吃,这样过了十来天。

这天晚上,寺院里长得最魁梧的慧因和尚来到了他的屋里。他带来了一个酒精炉,还有一包大米和十来只咸鸭蛋。这是多大的支持呀！关山月没有说话，泪水已涌出眼眶。

两个人攀谈起来。

慧因和尚原籍南海。小时候有算命先生说，他的八字不好，出家当和尚才能避凶躲难，于是父亲就把送进了普济禅寺。他从小聪慧，进了禅院后还学起了绘画。他看到关山月与高剑父的画，十分敬佩，就带了自己的画来向关山月讨教。

于是两个人又谈起了绘画。

谈到最后，慧因说："如今时局动荡，天下难有安身之处，施主何不抛弃功名，就此皈依了我佛？也好先解决吃饭问题。"

关山月说："我还有老婆呢，她现在下落不明，我无论如何得找到她呀！"

慧因双手合十，说道："你还是放不下呀。施主什么时候愿意了，放下了，就来对我说。西环那里有个妈阁庙，也是我们普济禅院管着的，你可以到那里去做个住持。"

关山月想了一下说："这样吧，一年为期。如果一年内找不到我老婆，我就听你的，出家当和尚。"

晚上的时间，关山月用来跟高剑父学画。而白天，他会来到澳门北面的黑环写生。这里是海湾，有渔船，有渔民，有渔家的妇女、孩子，有礁石与浪花。他静静地坐着，身边围着一群孩子。渔民们与他熟悉了，吃饭时会有妇女给他送来米汤和番薯，这就是他的中午饭了。

有一天，他遇到了同学李抚虹。李抚虹从日本学习回来，带回一本《百鸟图》，是日本人的花鸟写生。关山月一翻看，眼睛就亮了。日本的花鸟画技法完全是以中国古典美学和技艺为基础，但不能不赞叹的是，日本人的花鸟，描绘极其逼真，色彩柔和流畅，尤其是采用了西洋画的透视、用色等技法后，具有了强烈的冲击力。他知道，明治维新后，许多日本人赴欧美留学，这些花鸟画，是日本画与西欧油画进行艺术交流的结果，是日本画家吸收和借鉴了西方绘画

Guan Shanyue 关山月

关山月作品《渔村拾稿》

的观念和技法后,形成的现代日本花鸟画的新面貌。这本画册全面收集了日本古典花鸟画、近代花鸟画的作品,正是系统研习日本画家技法的好摹本。他百般请求,从同学处借来,一连临摹了 15 个夜晚,每天都忙到深夜两点,终于把整本画集临摹了下来。这本画集,他终身带在身边,不时翻看、研究。

这次临摹,是关山月的第三次重要临摹,让他的绘画技艺又上了一个新台阶,在古意中加入了西画的元素,有了中西结合的特色。

到澳门两个月后,关山月又遇到了一个阳江老乡。老乡知道了他的窘境,马上介绍他到洁芳中学教绘画。教学工作不多,一个月才上三个小时的课,收入也很微薄,一个钟头一块光洋,一个月的收入是三块光洋。但这就算是有收入了。

这时,慧因和尚又来帮忙。他为关山月招了4个学画的学生,课堂就设在妙香堂。

生活算是有些着落了,通过写生也有一定的素材积累了,1939年,关山月开始了创作。他创作第一幅画的灵感,来自于自己1938年10月从广州到澳门的这40天的难民感受。他在妙香堂里并起了两张八仙桌,画了10天,画出了6张六尺宣纸的六联屏,卷长7.66米,名叫《从城市撤退》。此长卷卷首画出了城市的残垣断壁、战火硝烟、飞来的敌机、结队逃亡的难民,卷中主景为北方的冰天雪地,最后以隐逸的寒江垂钓收尾。此画既有中国传统的山水技法,又融入了现实题材,是一种大胆的创新。这幅画也成了他抗战画的代表作。

除此之外,关山月还有许多取材现实的抗战画作品。比如:

1937年8月9日,日军侵占广东中山七区荷包岛,这是侵犯孙中山故乡中山县(今中山市)境之始。大批难民拖儿带女,从拱门关逃亡到澳门。见此场景,关山月的心在流血。到澳门后,他创作出了《中山难民》。此画的远景是模糊的高楼颓垣;中前景是废墟、破屋和难民,其中难民占据了将近一半的画面,成为主角;左前方有一棵硕大、醒目的枯树。这幅画,造型是古典的,如果远景换成高山流云,中景换成深山、古寺、羁客,那就是一幅功力深厚的传统中国山水画。但关山月将现实画入传统的山水画,将纪实与想象、传统与创新、中外画技有机地结合起来,形成了自己的风格和绘画语言。

1938年初,日机对珠海进行了大规模的轰炸。路透社记者从澳门发回的报道称:"上星期末,日海空联合攻击(珠海)唐家湾之香洲,香洲在珠江口下游,全市沦为废墟。当日机轰炸香洲时,海上寇舰同时发炮,以至死伤甚众。自香洲逃澳门难民异常众多。"关山月看到了日军的暴行。1939年,他用4张六尺宣纸并联,画出巨幅作品《渔民之劫》。

轰炸过后，日军多次侵占珠海香州西南的三灶岛，实施了"三光政策"，一把火把渔船、民宅全部烧光。关山月再次用笔把这些血泪历史记录下来，创作了《三灶岛外所见》。

关山月抗日题材的画，陆陆续续有了一百余幅，他有了办一个抗日画展的念头。但办画展是要花钱的，关山月缺的就是钱。

关山月作品《三灶岛外所见》

这时，又是慧因和尚站了出来。他问关山月："如果办画展，你估计会不会有人买画？"

出家人不打诳语，慧因与他探讨的是事情，没有讥讽的意思。但关山月还是有点受打击，他说："我这些画不打算卖的。"

慧因没说话，他不知道说什么才能表达出自己的意思。关山月说："抗战画我是不卖的。我还有些山水、花鸟，这些画可以标个价。我只是无名小辈，不知道有没有人肯买我的画。"

听了这话，慧因却信心满满了："你的画很不错，肯定有人买！我们先把参展的画选出来，送到裱画店去裱，钱先欠着，等开展后卖了画再还他。"

他们把画送到了裱画店，慧因签字做了担保人，店家把关山月的画裱好了。

1939年暑假期间，在澳门的濠光中学，关山月的"抗日画展"开幕了。

第五节

抗日画展

抗日画展是关山月平生第一次个展。但他出手不凡，所展出的画已有了个人风格：画风为写实性，注重形体刻画；以中国画的水墨为主，吸收了西方绘画的构图法和明暗技巧，在描绘场景时采用焦点透视的手法，而不是传统国画的散点透视，现实感强烈。

来参观画展的澳门市民络绎不绝，其中大多数是抱着爱国之心来的。

澳门的报刊报道了展会的盛况，一湾之隔的香港媒体也有了关注。这样，在香港出版的画报《今日中国》的编辑叶浅予和《星岛日报》的编辑张光宇来到澳门采访。

叶浅予，1907年3月1日生于浙江省桐庐县，学名纶绮，字绿琴。账房先生出身的父亲叶恩沾，在县里开了一家南货店，平时爱扎纸活，爱习书画。母亲李青玉擅长刺绣。他的姑父则是县里有名的书法家。这样的生活环境，让叶浅予从小就爱上了绘画。1926年，他考上了上海三友实业社当学徒。进社后，因有绘画特长，叶浅予兼做广告设计，当年就在上海《三晶画刊》发表了漫画处女作《两毛钱饱眼福》，由此走上了漫画创作之路。1936年，他出版了《旅行速写》《浅予速写集》，联合全国漫画家举办了第一次全国漫画展。1937年中华全国漫画界救亡会成立，他为该会负责人之一。抗日战争爆发后，他在上海组织漫画宣传队，担任领队并参加了郭沫若负责的政治部第三厅，投身抗日宣传工作。1939年，他赴香港经办《今日中国》，闻得澳门有个抗日画展，他当然不会错过这个宣传抗日的机会，就赶了过来。

张光宇也是漫画家。他于1900年生于江苏无锡北门塘的一个中医世家，15岁时，经上海名伶张德禄介绍，成为著名的京剧戏院"新舞台"的布景师，兼做上海图画美术院院长张聿光的学徒工。1919年，张聿光把张光宇推荐到《世界画报》担任助理编辑，从此每期画报上都会有张光宇的"钢笔画"和"谐画"——也就是他后来40余年孜孜不倦的漫画。后来他还主编了《上海泼克》《独立漫画》《抗日画报》等刊物，主持了时代图书公司（这家公司出版《时代画报》《时代漫画》《万象》等刊物）。1938年，他们全家搬到了香港。同年，南洋著名华侨企业家胡文虎在香港创办了《星岛日报》，他就进报社当了编辑。当他知道澳门举办抗日画展的事后，就与叶浅予结伴而行，来到澳门采访。

他俩细致地看了画展，感到从政治上讲，抗日主题十分鲜明；从艺术上讲，题材都是来自于生活，手法又是中西画法融合，既可得大众喜爱，又有革新中国传统艺术之义。他俩一商量，就来找关山月，说："澳门展期结束后，你不妨到香港来展一次。"

香港当时还没有被日军侵占，又是一个很繁华的国际性城市，到那里办画展当然是关山月求之不得的大好事。但是，关山月在香港人生地不熟，更主要的是没有钱租场地。两位记者说:"你把画择日送来就好,展览会的其他事宜,由我俩负责。"

澳门的抗日画展获得了"双赢",既宣传了抗日,花鸟画也卖出不少。关山月把收到的钱交给慧因,让他去偿还裱画店的欠款。

慧因知道他马上又要去香港办展,便说:"虽然对方承担了你的场租费、吃住费,但你还会有其他开销的。出门在外,留一点钱在身边以防万一总是好的。裱画的钱,我会慢慢替你还上的。"

关山月默默收下了钱。他对慧因说:"到香港去,预计不会用多少钱。我的计划是,在香港办完画展后就回到内地去,去抗日前线,用自己的笔直接为抗日服务。"

慧因点点头,双手合十。

关山月把自己打算回内地投身抗战的想法对高剑父讲了。高剑父并不同意他"出山",担心他会为追名逐利而改了习画的初心,但又不便明确反对,便劝道:"现在外面很乱。澳门僻静,是个安心习艺的好地方。做艺术的人,不能急于求成,要耐得住性子……"

关山月说:"师父,抗日画展的情况您看到了,全国人民的抗日热情那么高,我一个大小伙子,在全国人民都积极抗战的时候,躲在一个小天地里搞自己的事,我心里不安呀。"

高剑父叹了一口气:"你入不了佛,你的心太乱。你要走就走吧,为师就送你一句偈语吧,你要谨记在心。"他提笔写道:"在山泉水清,出山泉水浊。"

关山月拜别:"恩师,我永远不会忘了您的教诲、您的宽容、您的嘱托。我出了山,一定做人正直,艺术纯正,我一定会让出山的水永远是清的,您放心!"

老师挥了挥手,放学生走了。关山月说到做到,之后他一辈子遵守着自己对老师的学术承诺,后来还将自己的画室命名为"鉴泉居"。

关山月把画运去了香港,自己背着画板去了码头。慧因和尚替他拎着一件行李，默默地与他并肩走着。他知道，这一去可能永远都见不到了。

关山月把自己画的慧因和尚的肖像画送给了他，然后上了船。轮渡离开了码头，慧因还在频频挥手……

抗日画展又在香港展出。

叶浅予和张光宇是出了大力的。他们为关山月租了场地，叶浅予在《今日中国》上用两个版面选刊了关山月的抗战画，张光宇则在《星岛日报》出版了抗战画展专刊。《大公报》记者到场采访，也出版了专刊。另外，在香港的著名文化人端木蕻良、徐迟、叶灵凤、任真汉等也纷纷撰文，对关山月的画作进行评论，一时间，一颗岭南的新星在香港冉冉升起。

这次画展得到了三个方面的成功。一是宣传了中国不屈的抗战精神，造成了国际影响。香港市民观展踊跃，其中不少是国际人士。二是卖出了一批花鸟画，在清偿完所有的费用后，还有不少盈余。三是《渔民之劫》《三灶岛外所见》《南瓜》《渔娃》4幅作品被选中，送往苏联参展中国艺术展览会。

1940年1月4日，由苏联全苏对外文化协会与中苏文化协会主办的中国艺术展览会在莫斯科东方文化博物馆开幕，莫斯科刮起了一阵"中国风"。展览开幕5天，观众即突破7000人，三个月后达到5万多人。主办方还举行了多场中国艺术讨论会。苏联《真理报》这样评价此次展览："非但在艺术上具有伟大之价值，抑且足以表示中苏两大民族具有如何之友好关系，苏联各界人士，对于争取国家独立之中国人民之生活如何关切也。"中国国内的《新民报》《中报》《国民公报》《中央日报》《新华日报》等多家报纸也进行了大篇幅报道。

这次抗日画展，是28岁的关山月人生中的一个大成功，也增强了他投身抗日的热情。他潜回内地投身抗日的计划逐渐成熟起来。

一个人的行动，开始往往是凭借着感性而发动的。如果这个行动符合社会发展的大轨迹，就一定会成功。

关山月潜回内地到抗日一线去的计划，正与艺术要走入生活的方向契合，

关山月作品《铁蹄下的孤寡》

与岭南画派坚持的"艺术是生活的雕像、现实的反映"的方向一致,也与后来毛泽东1942年5月在延安文艺座谈会上提出的中国共产党的文艺工作方针——"文艺为工农兵服务"一致。

个人艺术目标与社会大方向一致,似乎是成功的一个秘诀。

第四章

五年万里行

WUNIAN WANLIXING

要成为一代大师，先要有自己的风格。艺术家个性化风格的形成，则是一个"吃得苦中苦，方为人上人"的过程。关山月要潜回内地，开始自己的五年万里行。这是他打造自己独特艺术风格的一次重要行动，当然也是一次艰辛无比的行动。

第一节

到临时省会韶关

从香港回内地穿越日军封锁线的偷渡行动，是从香港沙鱼涌的海面上开始的。著名作家、书画家关振东在《情满关山·关山月传》中详细地描述了这个惊心动魄的过程：

这时已是1940年的3月，从战局上讲，抗日战争进入了战略相峙阶段。这时候的日军，在占领了中国的半壁江山后，兵力已严重不足，从大规模进攻转入对占领地的守卫和巩固。

关山月打听到，广东省国民政府已搬迁到韶关，香港通往内地的各隘口和海面均被日军封锁，隘口有关卡，海面有巡逻艇巡逻。

不少人劝说关山月打消去内地的念头，他们的理由一是经费不足,二是路上不安全。但是年轻人的可贵之处就在于想干就干,对未来并没有过多的担忧。

关山月执意要去内地。这时,朋友再次提醒他:"你从未去过内地,人生地不熟的,又是一介书生,手无缚鸡之力。你还是找一个熟路的人为伴再走吧。"这倒是一个正确的主意,关山月采纳了。

这一天,关山月在《大公报》上看到一则广告,有人要寻找一个旅伴,一同去韶关。

关山月马上按照广告上的地址找到了这个人。他是韶关银行的职员,40多岁,还带着夫人。关山月觉得他是一个可靠的人,就和他商量了行动路线,从沙鱼涌海面进入东江,再转入内地。

天蒙蒙亮,关山月来到香港的码头上船。那对银行职员夫妻也到了。已与他很熟悉的香港著名画家任真汉赶来为他送行。船离开了香港码头,载着关山月开始了新的人生旅途。

船走了很长时间,到了沙鱼涌码头(现属深圳市沙鱼涌镇)。在这里,他们换乘了内地的独桅船。船很旧,宽只有一丈半。船夫是一个老练的老汉,眼神灵活,肌肉结实,一看就靠得住。他简略地向三个人讲述了一下日军巡逻艇活动的规律和路线就开船了。船帆升起,船很快进入了东江。

东江,古称湟水、循江、龙川江,为珠江水系干流之一。由于中国的地势是西北高、东南低,所以江河大多是由西向东流的。而东江恰恰相反,是由东向西流的。关山月他们进入东江后就进入了山区,两岸多是险峻的悬崖峭壁。一旦岸边有村落,就必定有日军设立的关卡。

遇到这种情况,船夫会叫关山月等三人躲在船里别出来,然后他驾船进入河流岔道,三弯两绕就避开了日军的视线,绕过了关卡。

到了晚上,关山月更加提心吊胆。船夫抓紧时间进行夜航。一声狗吠,一道亮光,一个巨浪,都可能是日军的巡逻艇出现了。走着走着,船夫突然降下了船帆,把船驶进树荫里抛了锚。原来是日军巡逻的时间到了。果然,没过多久,关山月就听到了日军巡逻艇的"突突"声。"突突"声过去了,船起了锚,出了树荫,继续前进。

就这样,关山月走了半个月的水路,吃的是咸鱼和咸菜。

他们在东江上游的广东省龙川县老隆镇下了船,又走了一个月的旱路,来到了战时的广东省会韶关。

韶关,古称韶州,得名于丹霞地貌的名山韶石山。西汉元鼎六年(前111),汉武帝在桂阳郡设立了曲江县(今曲江区),治所就在今天韶关市区东南的莲花岭下。明清时,韶州先后设立了三个水陆税关,韶州就被称作"韶关"。韶关地处广东省北部,与湖南省、江西省交界,毗邻广西,素有"三省通衢"之称。成为广东临时省会后,这里大街小巷的楼房大宅挂满了各机关和团体的牌子。大街上到处可见穿灰色制服的公务员、穿黄军装的军人、衣着华丽的商人、肩挑手提的小贩,还有面色焦黄的难民。

走了半个月的水路,一个月的旱路,关山月已历尽了千辛万苦。到了韶关,那悲喜交加的心情可想而知。然而他更多的却是失望。

他按照牌子的指引找到了几个战地服务团,说了自己的打算,但没有人支持他上前线写生的想法。

他又进了机关,心却更凉了,那里的公务员工作懈怠,没有抗战的精气神。怎么办呢?

第二节

再办抗日画展

关山月认为，别人不接受自己，是因为自己还没有知名度。这件事不难办。他有些钱，还带着百余幅抗日画。

他租了场地，印了抗日画展的海报、请柬，布了展，还举行了记者招待会。这样，抗日画展又在韶关开幕了。

韶关处于日本飞机经常突袭的范围，关山月担心画展开幕那天会没有人来观看。

然而他的担心多余了，开幕那天竟然来了许多人，其中有学生，有市民，有政府官员，还有社会名流。来的人当中还有省政府参议阮退之。

关山月上前一打招呼，发现阮退之讲的竟然是阳江话，是地道的老乡！他们立即用家乡话热情地聊起天来。阮退之在知道关山月是高剑父的高徒后更加热情。

阮退之是阳江早期的共产党员。他1923年毕业于广东高等师范学校（中山大学前身）文史系，青年时投身革命运动。第一次国共合作时期，他担任国民党中央党部青年部干事、代理秘书。之后他担任过中山大学附中、广雅中学、广东省立第二中学等校学监，广东省肇庆中学校长。1935年任暨南大学诗学教授，省政府参议。广州失陷后，他随省政府来到韶关。

他参观了关山月的画展，提出了建议与意见，还给了关山月一张名片，让他有困难时可以来找自己。他还在意见簿上题诗一首，予以鼓励：

高仑弟子关山月，海外归来乃见之。
一水阳江才百里，有君为画我为诗。

高仑即高剑父。阮退之先生在这首诗里既称关山月是自己的阳江老乡，又夸赞关山月的才华有如阳江百里长。

这首诗被采访开幕式的记者看到了，第二天就刊在了韶关的报纸上。

第三天，灾难来了。日机又对韶关进行轰炸，一颗炸弹就落在了关山月办画展的展馆边上，把墙角炸塌了。这样一来，画展不能继续开办，关山月的作品卖不出去，场地的租金、客栈的住宿费和下一站的盘缠都没了着落。

在展馆被炸的第二天，关山月去找阮退之。阮退之已经知道了此事，就问关山月有什么打算。关山月坚定地说出了想从西南向西北做万里行的打算。

阮退之说："省政府是有资助艺术创作的专项经费的，只是你还不认识李汉魂，这经费得他批准才能动用。"

关山月苦笑："我一介平民，如何能认识省政府的主席。"

"没事！李主席人很好的。他是我们广东吴川人，参加过北伐和武汉保卫战。1938年10月21日广州失守后，他就担任了广东省政府主席。1939年12

月,任国民革命军第 35 集团军总司令,在北江西岸迎击两个师团又一个旅团的日军,一举粉碎了日军进攻粤北的企图,是个英雄汉子。他一定会喜欢你的抗日画。我讲了这么多,就是想让你了解他的为人,让你画一张适合他个性的画。你画好拿来,我去送给他,他一喜欢你的画,我就讲出你的困难,让他批点经费给你。"

已画好的抗日画,关山月是不肯送人的,哪怕这个李主席是一个抗日英雄。于是,他新画了一幅《还我自由》,画面上是一只被捆着的白孔雀,刚挣脱绳索飞翔起来。

关山月第二天就把画送到了阮退之先生处,阮退之马上把画送到了李汉魂主席面前。李汉魂果然很高兴,马上批了一笔经费给关山月。

阮退之把钱交给了关山月,还带来一封给广西省(现为广西壮族自治区)政府参议李焰生的信。李焰生爱好诗词书画,在广西颇有名望。阮退之说,关山月到广西时可以去找他。

有了经费的支持,关山月还清债务,结束了在韶关的事务,怀揣着阮退之先生的信离开广东,向桂林进发,开始了他"师法自然"的万里行。

第三节

找到爱妻

关山月在韶关办画展时,他的妻子李小平也在韶关。

原来,广州失陷时,李小平随部队撤到了连县的星子镇。星子镇在粤北山区,与湖南的宜章县接壤。广东省国民政府主席李汉魂的夫人吴菊芳办的广东儿童教养院就转移到了这里。

吴菊芳是安徽省泾县茂林人,她的祖父吴朝昌在云南做过知县,曾出使过越南安南。吴菊芳1911年9月10日出生于曾祖父吴廷华于湖北宜昌的道台府中。长大后,吴菊芳走出道台府,就读于广州中山大学。抗日战争时期,她全身心地致力于挽救孤儿,创办了广东儿童教养院,组织人手从水深火热的沦陷区抢救、收养在日寇铁蹄下遭受蹂躏的难童,并让他们接受教育。据统计,在办院的7年里,儿教院先后收养难童3万多人。

李小平到星子镇后,被分配到儿童教养院当教师。工作之余,她想念七弟关泽霭,想念丈夫关山月。她一见到文化人,就会打听春睡画院和关山月的消息,只要有一点线索,她就会寄封信去查询。

有一天,她竟接到了关山月几个月前写的信。原来,关山月也在打听她的下落。在澳门的时候,关山月遇到了一个从广州来的昔日同事,他告诉关山月,李小平加入了广州市模范团妇女连,在广州陷落前已安全转移了,现在大约在连县星子镇一带。关山月当天就写了一封信发往星子镇。

这封信走了几个月,但幸运的是,它最终来到了李小平的手上。李小平的泪水带着喜悦流个不停。

更巧的是,在关山月偷渡回内地到韶关时,李小平也被派到韶关来集训。

韶关并不大,关山月办画展的事传得很广,李小平很快就知道了。她请了假,找到了关山月。

由于集训纪律很严,他俩见面的时间只有两袋烟的工夫。在这么短的时间里,两个人商量了一些要紧的事情。李小平先把七弟从乡下接出来,送到儿童教养院,然后辞职,跟随在关山月身边。

第四节

桂林第一次画展

关山月"万里行"的第一站是广西省省会桂林，行头就是一袋画卷、一箱行李。

桂林，夏商周时期是百越人的居住地。秦始皇时，置桂林、象、南海三郡，这是"桂林"名称的最早起源。

1938年10月武汉失守后，许多文化人向西南撤退，一部分到了陪都重庆，一部分则来到桂林。桂林成了中国第二个文化中心。中国的进步文人在这里办学、办报刊、办展览，为抗日不遗余力。

关山月到了桂林，第一时间感受到的就是抗日的氛围。他看到到处都是抗日画，而且技法很成熟，他感到来对了地方。他需要尽快在桂林找到同行，融入这里的文化圈。

关山月先带着广东省政府参议阮退之的介绍信，找到了广西省参议李焰生。李焰生很热情，马上安排他住进了七星岩附近的一间小公寓里。公寓小了一些，还很简陋，但在当时的条件下已经很不错了，更何况这里是广西的风景区，景色如画般秀丽。

关山月又拜访了中华全国木刻界抗敌协会驻桂林办事处负责人黄新波。

黄新波 1916 年生于广东台山县斗山镇小道村的一个美国华侨工人之家，原名黄裕祥。1933 年秋，他与 8 位同学赴上海，入读侨光中学，并进入中国左翼文化总同盟主办的新亚学艺传习所绘画木刻系学习。同年冬天，在北四川路内山书店认识了鲁迅先生，并在鲁迅先生的指导下从事新兴木刻运动。1936 年发起成立上海木刻工作者协会，并参与举办了第二届全国木刻流动展览。1938 年参加在武汉成立的中华全国木刻界抗敌协会，当选为理事，1939 年转移到桂林，为该会主持人之一。因为同是广东人，关山月便先来拜访他。

关山月没想到的是，黄新波是一个热情坦诚的人，与他一见如故。

关山月向他介绍了自己在澳门、香港和韶关办抗日画展的事，谈了想在桂林办一期抗日画展的想法。黄新波表示十分赞同，并全力支持。

关山月接着筹办画展，并一一拜访了时任中国左翼作家联盟执行委员的夏衍，"左联"成员、著名戏剧艺术家欧阳予倩以及广东台山籍著名画家余所亚。他们都表示全力支持关山月的画展，并参加了从筹办到布展的全过程。

1940 年 10 月底，关山月的抗日画展开幕了。然而一桩奇怪的事情发生了，关山月虽然给上述朋友们发了请柬，但开幕式那天，他们都没有到场。

关山月一问才知道，问题出在开幕式前一天《救亡日报》所刊发的报道——《介绍关山月先生个人画展》上。

《救亡日报》由抗日战争期间国统区文化界救亡协会主办，1937 年 8 月 24 日创刊于上海。上海沦陷后，《救亡日报》于 1939 年 1 月 10 日迁至桂林出版，郭沫若任社长，夏衍任总编辑。这是一张共产党领导下的左派报纸，本身没有

关山月作品《侵略者的下场》

问题，问题出在这篇文章上。文章仅 300 余字，为李焰生所写。李焰生十分热情地为关山月写了一篇推荐文章。这本是一件好事，但李焰生是国民政府成员，他为了提升关山月的知名度，在文章中署了 19 个名人的名字。虽然也把夏衍、黄新波、欧阳予倩以及香港的张光宇等进步人士的名字署在了上面，但排在他们前面的是广西国民政府的要员，如国民革命军陆军第 15 军军长、广西省政府主席黄旭初，广西省政府秘书长苏希洵等。《救亡日报》的总编是夏衍，文章他应当是看过的。时值抗战统一战线期间，李焰生又是国民政府的参议，这篇文章这样排名本无可厚非，但黄新波等进步作家却十分不高兴，他们不愿意与国民党政要排在一起。他们一打听，得知是广东的国民政府参议阮退之把关山月介绍给李焰生的，就认为关山月不是进步人士，便群起而反对，抵制他的画展开幕式。

第二天，有人化名"钝"，在桂林的另一家报纸刊文，称《救亡日报》刊出《关山月画展特辑》是失误的，因为关山月的画"陈旧""消极""宣传失败主义"。这一棍子打下来，关山月的脑袋一下子蒙了。

好在第二天又有人写文，称关山月的画"清新""别开生面"，是"能将大时代题材表现于国画画面上的成功者"。

关山月的画展持续了半个月，报纸上也论战了半个月。1940年11月5日，夏衍在《救亡日报》第四版"文化岗位"专栏发了一篇题为《关于关山月画展特辑》的文，对本次展览做了结论："《救亡日报》是一张以巩固强化民族统一战线为任务的报纸……对于这些旧艺术形式的作家，尤其是那些已经不满于过去的作风，而开始向新的方向摸索的人，特别要用友谊的态度来帮助他们、鼓励他们，使他们更进步。"

夏衍的文章给了关山月画展正面的肯定，也是共产党组织上的意见。左派进步艺术家们重新认识到了关山月艺术的本质，纷纷与他重归于好。

第五节

《漓江百里图》

抗日画展是办完了,但桂林太美了,关山月还没有住够,他还要把这里的山山水水都画个遍。

他没有钱了,付不起房租,李焰生伸出援手,让关山月住进了自己在城外桃花江畔的宅院。这样,关山月就可以每天背起水壶,带上干粮,到各风景点安心写生去了。他花了一个月,画出了70多幅写生稿。

素材厚积于胸,生出灵感,他躲在李家一个月足不出户。李焰生七八岁的儿子李勇为他牵纸,他则一笔笔地画出了心中无限的感想。就这样,一幅32.8厘米×2350厘米的长卷《漓江百里图》诞生了——

象鼻山,吊脚楼,摆渡船,黑鱼鹰。河谷开阔,一派平和的气象；峰林环绕，漓水回转出大好河山。流泉飞瀑，山石因浓墨枯笔而伟岸，赭色敷之，斧劈皴法染之，健劲的笔力让山峰生机盎然。

远景是湿淡的墨色勾勒出的山势，穿插的是枯木红叶、荒村野渡。一江寒水，黄昏残阳，这些是传统的做派。而画面反映出的"国破山河在"的凄美，则是现代人的忧国忧民。

李焰生看了这幅画，连声称赞关山月的艺术水平达到了"自成曲径"的阶段。他建议以此画为主，再办一场画展。

1941年4月15日至16日，关山月在桂林东路广西建设研究会的会议厅里再次举办了主题为桂林山水的个人画展。展会以长卷《漓江百里图》为主打，同时展出的有《月牙山的全景》《訾州晚霞》《衡阳炸后》《桃花江》等作品。

开幕式当天，桂林的社会名流悉数到场，对关山月的《漓江百里图》给予了高度评价。

新闻媒体也好评不断。评论家鲁琳在《救亡日报》上发表专访《漓江百里图：由桂林画到阳朔》，将关山月的《漓江百里图》与南宋画家夏圭的《长江万里图》相提并论："《漓江百里图》是他最近的、精心的作品，题材是从漓江桥起，沿漓江向下，直至阳朔为止。图长八丈多。在两个月内完成这幅作品，我们不能不佩服他优秀而热情的技能。记得读历史时，宋朝有一个名画家夏圭，作了一幅《长江万里图》，曾经轰动一时，《漓江百里图》想来也会引起大家的注意。"鲁琳还提到关山月的艺术思想："关氏对记者的谈话中，常常发表他对于国画的意见。他认为以往的国画之所以被人轻视的原因，就是一般国画家的手法和取材的贫乏，大家似乎千篇一律地互相抄袭。为了补救这一点，他作画时是意笔和工笔并用的。其次，他主张作国画的人同时也要练习西洋画，取西画的特长来补国画的缺陷，而且画的内容也不限定山水、美人和花鸟。"

著名的漫画家刘元也在《救亡日报》上刊出了评论文章《关于关山月先生的画》："象鼻山、独秀峰，画得那么像，如同照相机照下来的一样，这也是和一

关山月作品《漓江百里图》

般的中国画大不相同的。还有,画上分光暗,纸上面不大留空白,不像普通的中国画在任一张纸上仅仅涂上几笔,分不出天和地、远和近。"

由这些评论可以看到,关山月艺术之路的方向已基本明确,他的个性风格已经基本形成。我们现在再回顾这次展览,从研究关山月艺术发展的角度看去,可以明显地发现,这个展览标志着关山月的创作方法由"激情宣泄"向"审美表现"的转变。抗战画,是他的爱国激情的产物;对漓江的写生,因为观察的细致,注重抓住事物的特点以传神,他才真正走入了艺术殿堂。

本次展览是成功的。艺术上,标志着关山月的画技又上了一个台阶,进入了成熟的阶段;经济上,因为画的都是桂林山水,所以画卖出去了很多,他得以偿还所有欠款,还有了相对充足的盘缠去四川。

这时,李小平已把七弟关泽霭安排进了儿童教养院,然后赶到了桂林,与关山月会合。

有了钱,爱妻又回到了身边,关山月"行万里路,师法自然"的计划里充满了阳光。

关山月刻了一枚闲章"关山无恙,明月重圆",纪念自己与妻子的重逢。这段时间,他的作品上都盖有这枚章。由此开始,李小平与关山月一同踏上了旅程,再也没有分开过。

第六节

贵州苗家的花溪

贵州的贵阳市南，有个地方叫花溪，现在是贵阳市的一个区。

花溪是水浇出来的地方，这里有大小河流 51 条；花溪又是少数民族聚居的地方，苗族、布依族人占总人口的 33%。

有水就有灵性，有水就有美丽。从桂林出来，关山月夫妇在贵阳和重庆各办了一场抗日画展，然后选中了花溪，找了一家小客栈住下写生。

小客栈太简陋了，家具仅有一张木板床，一项旧蚊帐，一张一尺见方的小方桌，屋中只有一扇小窗，即使白天光线也很暗。不过，这对过惯了贫困生活的小夫妻并不在意，他们工作的地点不是屋里,而是在大自然中。

出了客栈就是一条小溪,沿着小溪走就来到了一座天然岩峰前,一条瀑布飞流而下。"极品美景!此景只应天上有,人间难得几回见呢!"关山月情不自禁地感叹。

瀑布前,是背着画夹、拎着水壶的关山月。他的身后,是带着干粮、拎着一篮画笔和砚台的李小平。

关山月作画时,李小平会在边上洗衣服。晚上回来,关山月就在一尺见方的小桌上整理写生稿,李小平也会以他们的睡床为桌,画几笔仕女图。

他们遇到过警察查房。警察以他们没有结婚证为由,着实盘问了好久,看着这个穷画家没什么油水,这才走了。

他们遇到过苗家的美女。李小平把这位十七八岁的姑娘拉了过来,可当关山月打开速写本,她却像一条美丽的小水蛇一样滑进了人群中。李小平便拉着关山月与这位姑娘捉起了迷藏。姑娘一停下来,关山月就画几笔;一跑,就再追。捉了半天迷藏,姑娘的速写像最终完成。晚上,关山月整理一天的写生稿,发现就属这幅画最美。

在花溪,他们还遇了险。一次,他们翻山越岭来到深山里的一个苗寨。苗族人热情地招待了画家夫妇,关山月也热情地为他们画了很多画。傍晚,关山月拉着李小平踏上了归途。

白天走过的路,到了天黑时就不容易走了。渐渐地,山里有了夜雾。李小平心里慌了起来,关山月倒信心满满,说:"不用怕,只要方向没搞错,就一定能回到家,顶多走些弯路罢了。"李小平说:"弯路多走一点不怕,要是遇到了老虎如何是好?"关山月安慰她:"我没听说过这一带有老虎。有也不怕,我们有手电筒,听说老虎最怕手电筒。"

他们就这样提心吊胆地走着,说着。走到半夜,关山月停下了脚步,说:"我们到家了。"

Guan Shanyue

关山月作品《林泉春晓》

周围一片漆黑,什么也看不到。李小平不禁问道:"你怎么知道?"

"你听,这不就是瀑布的水声吗?"

李小平听到了,心也放下来了。她长长地舒了一口气:"今晚真把我吓死了!"

"是啊,你当我不怕吗?我早就听说这一带老虎不少了。我不敢说,怕吓着你。现在看来,老虎也好客,知道我们是外地人,对我们客气了!"

"你真坏!"李小平笑骂。这对小夫妻的笑声,在山中回响。

第七节

贵阳办展

　　因为热爱花溪的美丽，关山月夫妻在这里整整待了一个冬天。他们的成果是：关山月画了几十幅写生，李小平也临了十多张仕女图。

　　他们出山了，二进贵阳，办抗日画和山水画的个展。

　　因为前次办抗日画展的事引起过轰动，这次关山月夫妻受到了规格很高的接待，贵阳市长何辑五宴请了他们。

　　何辑五的名字也许让人有些陌生，但说到何应钦，大多数人会如雷贯耳。何应钦1934年授陆军一级上将军衔，时任第四战区（所辖范围为广东、福建）司令长官，何辑五就是他的四弟。他是贵州陆军讲武学校二期毕业，并在孙中山大元帅府警卫队任职连长，之后官至贵州省军管区司令部少将参谋长。1941年，贵阳县改为市，何辑五为首任贵阳市长。

由贵阳市最高首长盛情接待，可见关山月当时的名气之大。

他们住进了阳江师范的同学陈炳翰的家。陈炳翰师范毕业后从事法律工作，是一位律师。

画展顺利开幕。

有一个劳动者模样的老汉，在一幅抗战画前盘桓了很久，问关山月："这幅画要多少钱才卖？"

关山月得知他只是一个卖豆腐的手工业者，便告诉他，抗战画是不卖的，不过可以画一幅山水送给他。说罢，他就在展馆的桌上铺纸泼墨，为这位劳动者免费画了一幅画。

此次画展，关山月充满了灵性的山水画卖了不少，收入可观。钱，他让李小平换成了黄金，打成了首饰，一来便于携带，二来也让李小平漂亮了不少。

与此同时，关山月得知了滇缅铁路正在兴建的事。

滇缅铁路由昆明出发，最终目的地是缅甸的腊戍。当时国民政府认为，日军已占领了沿海城市，国民党政府又迁到了大西南，为了保证国际联系和外援的到达，在西南修一条国际铁路是十分重要的。于是，云南政府征集了30万劳力，于1938年12月动工，分段修建滇缅铁路。

30万人，包括专家、官员与民众，同心战斗在群山峻岭，战斗在蚊叮虫咬、瘴疠横行的蛮荒之地，那是一幅何等壮观的画面！关山月决定去云南，沿着铁路写生，计划一直走到缅甸。

第八节

云南行

云贵高原，海拔两千多米。从贵阳到昆明，关山月一行走的全是山路。

敞篷货车行驶在山路上，两边或是峻岭，或是悬崖。敞篷车厢里，坐着关山月夫妇。关山月口袋里揣着同学陈炳翰写给他妻舅夏康农的推荐信。

夏康农，湖北省鄂城县（今鄂州市华容镇杨巷夏家庄）人，生于1903年1月，1921年赴法国里昂大学留学，1926年回国后任武昌第四中心大学理学院教授兼武汉卫戍司令部中校秘书。1931年九一八事变后，夏康农在北平中法大学担任理学院院长，1943年随中法大学迁至云南昆明。虽然昆明人生地不熟，但关山月相信，如果得到他的帮助，自己的计划一定会成功。

到了昆明,他听到的却不是好消息。1941年,日军发起了太平洋战争,偷袭了珍珠港,并向南洋(即东南亚)各地进攻,缅甸已落入日寇之手,且日军已打到了云南边境的惠通桥。滇缅铁路停工了,关山月沿铁路写生的计划由此搁浅。

不过夏康农却与关山月夫妻一见如故,还让他俩住进了自己的家。他是一位穷教授,家里有妻子和一双儿女。他热爱生活,每个星期日都会带着夫人、子女及关山月夫妇一同去昆明郊区的荷花池钓鱼。这里水美花美,鱼美鸟美,正是关山月写生的好去处。春城昆明,最奇的是花。关山月夫妻来的时候正是1942年的早春二月,昆明的花都开了,梅花、兰花、迎春花、仙客来……种种鲜花争奇斗艳。就拿杜鹃花来说吧,全世界共有800多个品种,云南就占了420余种。此外,茶花也是云南人的心爱。它是云南省花,共有72个品种。它与其他的花一道,把昆明里里外外装点得分外妖娆!

这正是关山月求之不得的景致!

关山月一到昆明就四处写生,同时筹办抗日画展。夏康农一家也全体出动,给他帮忙。

抗战画贴上了"非卖品"字样,山水画则贴上了标价签。夏康农看着看着,忽然说:"我看你这标价不合适。"

"怎么?高了?"

"非也,太低啦!"夏康农说了一个故事:云南有一个老教授,囊中羞涩,便将家中仅存的一尊铜佛拿到拍卖行去寄售。最初标价500元,几个月下来无人问津。后来他灵机一动,标了5000元,结果第二天就被人买走了……两个人说着笑着,布好了画展。

昆明,光绪三十年(1905)已开辟成为商埠。宣统二年(1910),滇越铁路修成后,昆明就成了一个开放、富裕的贸易中心城市。1928年8月1日,民国昆明市政府成立。至抗战时期，昆明成为支撑中国抗战的经济、文化、军事重镇之一，有"民主堡垒"之称。当时北京大学、清华大学、南开大学迁到昆明，成立了国立西南联合大学。这里还迁来了许多银行家、商人，还驻有美国援华的军事人员，城市人口达到50万人。所以，关山月的画展一开幕便胜友如云。

关山月夫妻站在展馆里招呼着来宾。突然，一位身穿深灰长衫、足蹬黑色方口布鞋的人出现了。关山月一眼就认出了他——著名画家徐悲鸿！

徐悲鸿1895年生，江苏宜兴市屺亭镇人。父亲徐达章，是一位私塾先生，能诗文，善书法，自习绘画。徐悲鸿9岁起跟着父亲学画画，每日午饭后临摹一幅晚清名家吴友如的画作。20岁时，他来到上海，考入法国天主教会主办的震旦大学（上海复旦大学前身），在此学习了法语，也认识了岭南画派创始人高剑父与高奇峰。

1919年，24岁的徐悲鸿赴法国留学，考入巴黎国立美术学校学习油画、素描，并游历西欧诸国，观摩研究西方美术。1928年1月，他回国从事美术教育工作，与田汉、欧阳予倩组织了"南国社"。他在上海成立南国艺术学院，担任绘画科主任。2月，他应南京中央大学的聘请，担任艺术系教授并主持艺术系工作。他曾来广东邀请高剑父去中央大学任教，因此关山月在春睡画院见过徐悲鸿。

关山月不知道的是，徐悲鸿后来到北平大学艺术学院任院长，1931年到比利时首都布鲁塞尔办了个展后，一直在欧洲各国办展，1934年8月才回国。1942年，他在新加坡办完画展，原准备去美国展出，不料受太平洋战争的影响，美国进入战争状态，他只好在新加坡陷落前乘船到缅甸，再从缅甸回国，第一站就来到了云南昆明。他听说高剑父的弟子关山月在办画展，便来观看。

关山月上前握住了徐悲鸿的手。徐悲鸿一边观画，一边关切地询问了高剑父的情况和关山月的打算。

看完关山月的画，徐悲鸿留下的评价是："不错，很新鲜！看来你跟你的老

Guan Shanyue

关山月作品《古木逢春》

师学到了不少东西,开风气之先!今天我们画国画就应该有新面目,给人以新的印象。"

徐悲鸿肯定了关山月的努力方向。

第九节

到重庆

按计划,关山月的下一站是去陪都重庆办画展。可是昆明到重庆如何走?

从贵阳到昆明,坐的是厢式货车。山路弯弯,还有土匪劫道。有一次,车半夜抛锚,他们只好蜷缩在车厢里等天明。这次他们打算走水路,计划先从昆明坐车北上到泸州,然后登舟,沿长江到重庆。

水路走了两天一夜。水路自有水路的风采,关山月这次走水路的写生,成了他后来的代表作——六尺整张的《岷江之秋》的素材。

重庆到了。呈现在关山月面前的重庆,除了"雾多,坡多,石级多"的"老三多"外,还有着"官多,军警多,冒险家多"的"新三多"。

1890年3月31日,中英签订《新订烟台条约续增专条》,确定重庆为通商口岸。随后英商开辟了从宜昌到重庆的轮船航线。同年,英国在重庆设立总领事馆。之后日本、法国、沙俄、德国也在重庆设立领事馆。

1929年,重庆正式建市,编制为国民政府二级乙等省辖市。

1937年11月,中华民国政府颁布《国民政府移驻重庆宣言》,定重庆为战时首都。12月1日,国民政府正式在重庆办公。由此,重庆成为中国抗战时期大后方的政治、军事、经济、文化中心,抗日民族统一战线的政治舞台。1938年,英国、美国、法国、比利时、德国、瑞士驻中华民国大使馆移驻重庆。1939年5月5日,国民政府颁令,将重庆升格为甲等中央院辖市(即直辖市),让它成为继南京、上海、天津、青岛、北平后第六个中央院辖市。

1941年,关山月在重庆办展,其实相当于现在在北京办展。

这次办画展还是用老办法,拿熟人的推荐信开路。在离开桂林时,桂林名流李焰生给过他一封推荐信,让他到重庆后去菜园坝,那里有广西省政府驻渝办事处。

关山月一到重庆,先到了菜园坝。菜园坝果然名不虚传,到处是菜地,一片连着一片,让农家菜也有了景色的气象。菜园坝很低,要下五六十级石阶才能到底,不过办事处的人倒很热情。他们看了李焰生的介绍信后,马上安排了一间屋子给关山月夫妻住。

接下来就是办展。

住在这里,每天出入很不方便,出门就要爬五六十级石阶,回家也要下五六十级石阶。花销也大。裱画费、场租费、请柬印制费、记者招待会的花费,比桂林、贵阳、昆明等地要高许多。贵阳和昆明卖画所得都拿出来了,李小平刚刚戴了没几天的金首饰也摘下来抵押给场馆出租方了,这样画展才得以开幕。

开展后,关山月夫妻接待、解说、洽谈、买卖一肩挑,尤其是李小平,一袭湖水色旗袍，两根小辫子，吸引了在场观众的眼球，都以为她是关山月的女儿。

开幕式这天来了一个人，他参观了全部展品，然后直截了当地对关山月说："我很喜欢你的画！有生气，有时代感！尤其是《漓江百里图》！"

关山月忙拿出意见簿，并小心地问："您是——"

此人直率地说："我叫赵望云，也是画画的。老家河北，客居陕西，现住成都。如果你愿意，我们交个朋友。如果来成都，你来找我！"

原来是大画家赵望云。赵望云生于1906年，1928年在北京师范任教，1930年在北京与著名国画家、教育家王森然、齐白石的"齐门第一弟子"李苦禅等人组织吼虹艺术社，任主编。1932年任上海中华书局编辑，1933年至1935年任天津《大公报》旅行记者。1934至1936年到山东、江苏、浙江、河南、河北等地农村写生，作品描绘了饱经战乱摧残的农民的贫苦生活，在社会上引起极大反响，获"平民画家"的美誉。1935年，他应冯玉祥邀请，合作出版了《泰山社会写生诗画石刻集》。抗日战争期间，赵望云在冯玉祥资助下，和老舍在武汉创办《抗战画刊》，后深入西南、西北各地旅行写生，名气极大。在西北风土人情的影响下，形成了简括淡远、朴实含蓄的独特艺术风格，后来成了西安画派的创始人。

当时的赵望云名气已经很大了，但人却很朴实。他和关山月很快成了好朋友，在重庆有了几次十分投机的交谈。

在重庆，关山月还认识了司徒乔。司徒乔是广东开平人，到了展厅，广东话一讲，就与关山月就相识了。他1924年至1926年就读于燕京大

1942年关山月与赵望云在成都的合影

Guan Shanyue 关山月

关山月作品《碧浪涌南天》

学神学院,1926年在北京中央公园水榭举办个了人画展。当时鲁迅到场观展,当场就买下他的《五个警察一个〇》《馒头店门前》两幅作品。1928年,他赴法国留学,师从写实主义大师比鲁。1930年赴美国,以绘壁画为生。翌年回国,任教于岭南大学。1934年至1936年任《大公报》艺术周刊编辑。1936年10月19日,鲁迅先生去世,司徒乔怀着万分敬仰和沉痛的心情,用竹笔蘸墨汁,画下了鲁迅的遗容,并为葬礼画了鲁迅的巨幅遗像。他后来到南京中山陵藏经楼工作,花了8年时间,几易其稿,画出了一幅孙中山巨像。一位德国人曾在美国《地理杂志》上撰文,誉此画为"惊人的肖像画"……

　　实事求是地说,重庆的这次画展不算成功,但结识了赵望云和司徒乔却是一大收获。画展结束后,关山月与夫人向成都进发。

第十节

张大千捧场成都画展

公元前5世纪中叶,古蜀国将都城从广都樊乡(今成都双流)迁往成都,构筑城池。城池建成后,根据"周朝先祖周太王迁岐山,一年而居,二年成邑,三年成都"的故事,为自己的城池起名"成都"。

汉武帝时,分天下为十三州,成都称为益州。直到明清时,成都成了四川省会,又叫回成都。

1911年6月,成都人发起的保路运动,成了辛亥革命的导火索。到了抗日战争时,这里成了真正的大后方。应华西协合大学校长张凌高之邀,山东齐鲁大学、北京燕京大学、南京金陵大学和金陵女子文理学院云集成都南郊华西坝,当时便有了"五大学"之美誉,一时在华西坝汇集了文、法、理、医、农五类学科共六七十个系,学子及教授数千名。

1942年,关山月来到了这块文化的沃土。赵望云为他们做了担保,让他们住进了督院街法比瑞同学会。

当时,音乐家马思聪、油画家吴作人、美术评论家庞薰琹都住在这里,这可是一个高级人才的聚居地。

关山月很快与他们相熟起来。他还认识了雕塑家刘开渠。刘开渠虽然住在同学会对面的教育厅里,但是离他们不远。为了省钱,关山月去他家搭伙。大家都是穷书生,穷人相帮也是中华民族的好传统。

马思聪要办音乐会,整个同学会集体出动,为他推销入场券。马思聪的夫人没有新衣服出场,庞薰琹的妻子连夜用旧衣料翻新,替她做了一件可身的旗

关山月作品《老石匠》

袍。开幕之夜，马思聪夫妇上台表演，李小平就当了他们女儿的临时保姆。

在与穷弟兄们同心协力的日子里，关山月还认识了两位知名人士。

第一位是齐鲁大学病理学教授侯宝璋。他是赵望云的密友。他之所以能成为画家的密友，是因为他也爱画画。他的儿子侯励存也跟随关山月学习绘画。

第二位是华西大学英籍教授沙利文。这位英国学者对中国美术史颇有研究。他通过庞薰琹认识关山月后马上说："我拜你为师，你教我中国画。"后来他写了评价关山月《岷江之秋》画作的文章，发表在伦敦的一本美术杂志上。

当时四川省教育厅厅长叫郭有守，是留法学生，与吴作人是好友。他看了关山月的画后，要了一张《南瓜》给省政府主席张群。张群看后很喜欢。这样，关山月与郭有守的关系就密切了起来，办事也就方便了许多。

不过关山月的生活依然贫困。要办画展就要有新作品，他需要坚持写生与创作。但从经济上讲，他只有支出，没有收入。当时的物价常常一日三涨，更糟的是，画展还没有办起来，李小平却在端午节前一晚突发急病，喘不上气来，全身浮肿，呼吸越来越困难。

关山月的穷朋友们纷纷伸出了援助之手。法比瑞同学会的邻居们都来到关山月的屋子，大家用旧毛毯做担架，抬着李小平奔向医院。

医生一检查，说李小平有严重的肺积水，要马上住院、手术。但关山月哪里有钱？侯宝璋闻讯赶来，签字担保，才办好了入院手续。

1942年关山月同夫人李小平（秋璜）在四川雅安

李小平很快进行了手

术。手术后,马思聪为李小平支付了药费,吴作人送来了奶粉,张群主席也托郭有守厅长送来了两瓶鱼肝油。

半个月后,李小平虽然身子还弱,却度过了危险期,出院了。

关山月自己每餐以一小碟泡菜下饭,把钱省下来给妻子买营养品。后来李小平的身体好一些了,关山月又要出门去写生,就弄了一只波斯猫回来,陪伴出不了门的李小平。

关山月只身去了乐山,去画高71米的中国最大的摩崖石刻佛像。傍晚,他来到乌龙寺,在寺门前的石板上休息。这时,他看到对面坐着一个与自己年纪相仿,身穿米黄色衬衫、浅灰色短裤的方脸盘青年,面目甚是友善。

对方先开了口:"你是广东人?"

关山月听出他的口音也是广东人,就点了点头。

"你是做什么的?"对方直率地问。

关山月卖了一个关子:"你猜!"

"空军?"这个回答让关山月没有想到。不知道人家为什么会把他与空军联系起来。他学着对方的直率口吻反问道:"你是做什么的?"

"教书。"

关山月说:"我是画画的。"

"哦……"对方漫应着,竟把关山月的画本拿了过去,点评了一番。末了,他自我介绍说叫李国平,广东丰顺人,在武汉大学教数学。武汉大学迁来乐山,他也因此来到了这里。从他的点评里,关山月看得出,他是一个懂字画的人。

两个人谈得很投机,李国平邀请关山月去乐山城里的家中共进晚餐,关山月欣然应允。饭桌上,大家相谈甚欢。李国平提出,关山月的成都画展结束后就到乐山来办画展,关山月马上同意了。

到了中秋节,办画展的画作准备得差不多了,但钱是一点也没有了。李小平当了几件旧衣服,夫妻俩算是过了中秋节。

但是场租费怎么办呢？这时老画家姚石倩站了出来，对成都市美术协会的人说："场地费我担保，关山月的画很鲜活的，一定能卖得出大价钱。"姚石倩1879年生，安徽桐城人，1917年北上，师从齐白石。他虽为画家，但在川军改编的国民革命军第28军里任过秘书，当过北川县长，说话很有分量。这样，美术协会就不再为难关山月了，他的画展在成都美术协会开幕。

马思聪、吴作人、叶浅予、庞薰琹、赵望云、刘开渠、郭有守、侯宝璋、沙利文等老朋友都来捧场，高剑父的弟子黄独峰、黄笃维也来了。

这时，一个美髯飘飘的人出在展馆门口——竟然是大画家张大千！

张大千1899年5月10日出生于四川省内江县（今内江市）市中区城郊安良里的一个书香门第，从小随母习画。1916年暑假，他与同学徒步返回内江，途中遭匪徒绑架，迫为师爷，经百日才脱离匪穴。这段传奇让张大千有了江湖传奇人物的面貌。

1917年，张大千东渡日本，在京都公平学校学习染织，课余时间自学绘画、治印。1919年完成学业，由日本返沪，拜著名书法家曾熙、李瑞清为师。

1925年，张大千在上海宁波同乡会举办首次画展，一共展出100幅画作，每幅标价20大洋，欲购画者一律编号，抽签取画。当时100幅画竟一售而空，时年27岁的张大千也一鸣惊人。

1935年，37岁的张大千应徐悲鸿之聘，任中央大学艺术科教授。第二年，他在英国伯灵顿美术馆举办了个展。

1937年7月，七七事变爆发，张大千被困在了北平。日军司令部多次派汉奸前来劝说他出任伪职，张大千百般推诿，最后化装逃出了北平。1939年，他来到成都，先后在成都与重庆办了个展。

关山月到成都时，知道张大千也在这里，但对这样一位大师级的人物，关山月只有景仰，不敢有任何奢望。他送了一张请柬给张大千，但对他的出席并没有抱多大希望。不料张大千竟来了。

关山月上前迎接。张大千平易近人,边观展边拉家常:"广东人?来四川习惯不?我的祖籍也是广东呀!我的祖父在康熙年间才从广东番禺到四川内江,到我这儿好几辈了。我就生在内江。"这么一番话,马上让关山月有了亲如一家人的感觉。

张大千从关山月的穿着上看出他在经济上并不宽裕。他问:"你价最高的画是哪一幅?是多少钱?"

关山月说:"最高的一幅,我标了1000元,估计不会有人买的。"

张大千来到这幅画前。这是一幅山水立轴。张大千走近看,退远了看,边看边点头。他转身向跟随者要了一支笔,在这幅画的标签上写下五个大字:"张大千已购。"

这个侠义之举,就像在成都平静的石象湖里扔进了一块大石头,立刻激起了层层浪花。张大千花1000元买了一幅画的消息立即在展馆里传开了,观众马上围过来看。第二天,消息传遍了成都,一下子就有20多个人赶来订画。

1000元大洋券,在当时可以买七八百斤大米,足够关山月夫妻一年的口粮。还有人考证说,1000元大洋券,在当时的成都可以买下一座公馆了。

关山月握着张大千的手不知道说什么好。他不知道的是,在他之前,广东青年画家黄君壁也在成都办了画展,张大千也出重金买了一幅他的画作为提携。

张大千重金力挺关山月,不但在关山月一贫如洗之际给了他经济和精神上的极大支持,也在中国画坛留下了一段佳话。不过,这20多位订画的人看上的却是一幅玫瑰图。

很无奈,关山月像印刷机一样画起了玫瑰。这些玫瑰让他攒足了下一段旅程的费用,却让他画玫瑰画到想吐,以至于以后一看到玫瑰就生厌,发誓此生再也不"卖"玫瑰了。

成都画展结束后,关山月依李国平所邀,又到乐山展出。在乐山,李国平为他的《漓江百里图》题了一首七绝：

历尽江山快壮游,桂林秋色画中浮。

还教走笔三千里,抹尽烟云到益州。

李国平还带武汉大学中文系教授吴其昌来观展。受李国平的感染,吴其昌扶病为《漓江百里图》写了洋洋千言的长跋:"郦道玄为水经作注,写漓江风物别具境界,令人读而慕之,神为飞动……近世以来,华夏重荣,灭胡廷而奋起,青年硕人乃有拔山吞岳之雄怀,历块过都之壮游,功力艰巨于马夏,意境追媲乎郦柳,则岭南关山月先生之漓江图当之矣！"

乐山画展结束后,关山月离开了四川。

1943年春,关山月带着妻子李小平再次入川,特地来乐山看李国平。当天正好是李国平的新婚典礼,婚房仅一室一厅。一厅,姑且称为客厅,客厅里只有一幅画,一幅字,一张新婚合影,还有一张八仙桌,椅子、凳子都是旧的。一室就是新房,帐子和布帘是新的,床与木桌、木箱都是旧的。李国平没有宴请宾客,关山月的不期而至,让李国平与新娘子好一阵忙乱。这时,关山月想到自己与李小平的结婚的情景,心中十分感慨。他随即把新娘子穿着新蓝旗袍擦地板,新郎穿着中山装进厨房烧饭的场景画了下来。之后,他创作了"令人一读一凄然"的人物画《今日之教授生活》。这幅作品也成了他的代表作。

关山月作品《今日之教授生活》

李国平之后成为著名的数学家、中国科学院数理化学部委员。

第十一节
破釜沉舟西北行

大画家赵望云参加了关山月的成都画展开幕式。他对关山月提出：一同去大西北，去敦煌采风。

他们有了一个去西北旅行写生的计划：到西安办画展，登西岳华山，再到兰州办展，之后沿河西走廊到嘉峪关，进祁连山，过戈壁，进敦煌。

在成都办展的收入不少，关山月和李小平可以准备下一步的西北行。这时，关山月收到了陈树人的一封信，说经他向国立艺专校长陈之佛推荐，学校已聘请关山月为美术教授。

陈树人与高剑父、高奇峰兄弟同为岭南画派的第一代创始人。他1884年生于广东番禺，早年随中国近代岭南地区著名的国画画家居廉学画，后东渡日本求学，先后毕业于京都市立美术工艺学校、京都美术学校绘画科及东京国立大学文学系。他的经历也与高剑父相同，先搞革命，后弃政专搞美术。1917年，孙中山委任他为中华革命党美洲加拿大总支部部长，在香港的《广东日报》《有所谓报》《时事画报》任过主笔，宣传革命。1924年，他任中国国民党中央工人部部长、广州国民政府秘书长、广东省代省长、中国国民党党务部长、侨务委员会委员长、中国国民党中央执行委员等要职。1947年，他辞掉了一切职务，定居广州，专心画艺。

关山月是高剑父的弟子，在广州时经常与陈树人见面。1941年春，关山月到重庆时，第一时间就拜会了时任国民政府侨务委员会委员长的陈树人。想不到陈师伯对这位弟子如此厚爱，一直把他的事放在心上，现在又为他谋了一个教授的职位。

重庆的国立艺术专科学校位于重庆沙坪坝区青木关镇西部的松林岗。它是时任国民政府大学院院长的蔡元培择址杭州西子湖畔，于1928年创办的中国第一所综合性的国立高等艺术学府。1929年10月，学院改名为国立杭州艺术专科学校。抗战爆发后，学校从杭州到江西、湖南、云南、重庆，与北平艺术专科学校合并后改称国立艺术专科学校。第一任校长是著名画家、美术教育家林风眠。1938年6月，美术理论家滕固任校长，领导了学校西迁。1942年，美术教育家、画家陈之佛担任校长。

到这样一所国家级的美术学院任教，是多大的荣耀，会有多大的前途！

李小平试探着问关山月："是不是先去学校就职，然后再去敦煌？"关山月却回答："将来有的是时间教书，去敦煌却是难得的机会，我们还是到西北去！"

中国画，从创作主体的分类上讲，有宫廷画、文人画和民间绘画之分。从古至今，世人重视的大多是文人画和宫廷画，而真正的宝库却是民间绘画，它包括壁画、工艺彩绘、建筑彩绘、少数民族绘画等。关山月感觉到了从古至今艺界忽视民间绘画的这一缺憾,他要弥补这个缺憾。于是,他回信给陈树人,谈了自己的西北行计划,谢了好心的陈师伯,婉辞了国立艺专的教席。

关山月的决绝让陈树人受到了震撼,也许想要在某方面做出成就,就一定要有破釜沉舟、一干到底的决绝。于是陈树人回信,支持关山月的西北之行。

第十二节

华山游

关山月带着妻子李小平,与赵望云、国立艺专教授张振铎一同踏上了去大西北的路途。其时已是1943年初夏。

关山月先在西安办了画展,然后就去了华山。

华山属秦岭山系,海拔2200米,是五岳中的西岳。它位于陕西省省会西安东120公里处,渭南市的华阴县境内,南接中国南北分界线的秦岭,北瞰黄河、渭河,自古就有"奇险天下第一山"之称。清代国学大师章太炎考证说,华夏民族最初形成并居住于"华山之周"500公里的范围内,其国名"华",这是华夏之名的开始。他的考证被孙中山先生引用,建立的国家就命名为"中华民国"。

华山也是道教主流全真派的圣地,在道教三十六洞天、七十二福地中排"第四洞天",供奉西岳华山君神。山上共有72个半悬空洞,有玉泉院、都龙庙、东道院、镇岳宫等道观20余座,其中"自古华山一条道"的险境更是闻名遐迩。

他们来到山谷口的玉泉院,然后开始登山。在怪石林立的山中,不知不觉就走了20里路。这时,前面出现了一个叫青柯坪的地方,地势平坦。他们心想:还好,才走了20里就有地方休息一下,这样走下去还可以接受。

又往前走了1里路,困难就出现了。路渐渐变得难行,要时不时地攀藤拽葛才能上得去。这时,前面出现了一座刀削一般的崖壁,上山的小路窄而险。崖壁上还题了三个古风凛凛的隶书大字——回心石。

张教授在崖下的小路边坐了下来,对李小平说:"华山太险,唐代以前很少有人登临。历代君王祭西岳,都是在山下西岳庙中举行大典的。我体力不行,你也是一个小女子,我俩就学了帝王,不上去了吧。你不如陪着我,在这里等他们下来。自古华山就这一条道,他们跑不了的。"

李小平一笑:"我不怕。难走的地方,走慢一点也能走过去!"说着,她一马当先,沿小径而上,钻入了千尺幢。

三个男人笑了,重新迈步登山。他们的计划是在中午之前登上华山最险的苍龙岭。

张教授边走边介绍:"苍龙岭,长仅一里,形似鱼脊,又似刀刃。块块巨石构成的'鱼脊''刀刃',其最窄处仅一米宽,两边均是万丈深壑。相传位列'唐宋八大家'之首的唐代文学家和政治家韩愈来到了这里,曾登上苍龙岭。不料上得来下不去,一看两边的悬崖,腿已软得站不起来。他在此岭大哭,写下遗书和求救信各一封,派人送下山去。华阴县令闻讯,急忙派人上山,找到韩大人,把他抬了下去。"

听着张教授说典,大家笑声不断,登山也轻松不少。

一到苍龙岭,关山月便叫了起来,他看到了司徒乔。重庆一别,司徒乔随军事委员会政治部前线视察团西北视察组去了西北,与他断了音讯,想不到在这里不期相遇。

李小平在岭上铺了一块布,拿出所带的食品,众艺术家大快朵颐。

饭后,关山月、赵望云和张振铎各寻一个点写生去了。李小平对司徒乔说:"记得不?你还欠着我一个'画债'呢!"

司徒乔想起来了,在重庆时,他曾为李小平的纯情所动,说要为李小平画一幅肖像。他对李小平说:"我记得。来,你在那边石头上坐下吧。"

李小平坐在苍龙岭的石头上,司徒乔打开画夹画了起来。他画得很慢,很用心,一直到赵望云和张振铎回来,他才画完。

李小平的画像惟妙惟肖,她十分珍惜地收了起来。后来生活安定了,这幅肖像便一直挂在她房间里。

最后一个回来的是关山月。他跑上了一个山头,对面就是玉女峰。玉女峰是华山的中峰,景色美丽,百鸟啁啾,生机盎然。汉高祖的弟弟楚元王刘交的四世孙、汉代目录学家、文学家刘向在《列仙传·萧史》中曾说过这样一个故事:秦穆公有女名叫弄玉,只肯嫁给有才者。有一位叫萧史的人,善于吹箫。他的箫声一响,孔雀、白鹤能当庭起舞。弄玉就嫁给了他。婚后,他们就住在玉女峰的玉女洞。弄玉也学会了吹箫,吹得凤凰都会来到他们的屋前。几年后,他俩成了仙,驾凤凰而去。李小平想,怪不得关山月回来得这么晚呢,原来他找到了这么一个好地方!

第十三节

祁连与敦煌

从华山回西安后,关山月一行就到了兰州,打算办了画展再去敦煌。

兰州,西汉始元元年(前86)为金城县,属天水郡。始元六年(前81)置金城郡。金城,取"金城汤池"之意,又说在这里筑城时曾挖出过金子,故取名金城。

隋开皇三年(583),改金城郡为兰州,置总管府。名称为兰州,是因为城南有皋兰山的缘故。

清康熙二年(1663)设兰州卫,隶属临洮府。康熙五年(1666)陕甘分治,设甘肃行省,省会由巩昌(今陇西)迁至兰州。乾隆三年(1738),临洮府治由狄道(今甘肃省临洮县)移至兰州,改称兰州府,当时兰州府辖狄道、河州二州,皋兰、金县、渭源、靖远四县。乾隆二十九年(1764),陕甘总督衙门自西安移驻兰州。

1936年,国民政府划甘肃省为七个行政督察专员公署。1941年7月1日,将皋兰县城及近郊划出,设立兰州市。

兰州是河西走廊的东门。一条黄河穿城而过,留下的是南北群山对峙的东西向的一条极狭长的空地,住了人,修了道。道在黄河之西,称为"河西走廊"。关山月在河西走廊上,坐着烧木炭的汽车向西而行,左边是连绵起伏的祁连山脉,右边是合黎山、龙首山。古时著名的丝绸之路,其中线就是从西安出发到兰州,沿河西走廊到张掖,经酒泉至嘉峪关、敦煌,再到新疆、中亚和欧洲的。关山月他们走的正是这条线路。

大西北的特点就是苍凉。山,都是荒山;城,都是孤城。黄河水奔腾而去,难以滋润两岸的黄土高坡。唯有黄沙形成大漠,与天上的明月相对,让号角与羌笛同回响,形成了一种悲怆的边塞美。

赵望云对大西北很熟悉,他把大西北的典故讲了一路,还时不时地唱段京剧来为典故增色。伴随他的故事和唱腔,大家一路向目的地——敦煌奔去。

出嘉峪关了。这时先要暂停一下,去一趟祁连山。

祁连山可不是一座山,它是山脉,由多条西北—东南走向的平行山脉和峡谷组成。它东西长800公里,南北宽200—400公里,海拔4000—6000米。山上有冰川3000多条,山下有草原。丝绸之路从这里经过时,留下了许多文化资源。这样的地方,画家如何能放过?他们停了下来。

李小平被留在旅社做后勤保障工作,三个男子则租了马,雇了一个藏族向导去写生。

祁连山的风景好美!那方方的帐篷里,住着藏族同胞。还有一些圆帐篷,住着哈萨克族同胞。藏族同胞一手抓着羊肉,一手拿着盐巴,蘸一下盐巴吃一口肉。哈萨克族同胞开晚会,把周边的人都请了来,当然也请了关山月他们这些外来的客人,一起唱歌跳舞。他们在祁连山里待了好几天,收集了很多用来创

Guan Shanyue 关山月

作《祁连牧居》和《牧民迁徙图》的素材。

李小平在旅社里，把三个人的衣服都洗晒了一遍。当把一切收拾停当后，关山月他们也从祁连山里回来了。一行人再次坐上木炭车，向敦煌进发。

车子开在沙漠里，就像当年行进在丝绸之路上的骆驼。车窗外是茫茫大漠，车厢里也十分闷热。

掌灯时分，敦煌城到了。小城不大，道路坑洼，店铺破破烂烂，灯光如豆。当

关山月作品《祁连牧居》

年它是丝绸之路上很大的一个节点城市,但随着时光流逝,已有了沧海桑田的变迁。

住了一晚,第二天一大早,大家趁着凉快,向最后的目的地——25公里外的莫高窟进发。

四个人,四匹马,两个小时的路程,他们到了。莫高窟竟是沙漠中的一片绿洲!

莫高窟,俗称千佛洞,坐落在河西走廊西端。它与山西大同云冈石窟、河南洛阳龙门石窟、甘肃天水麦积山石窟合称为"中国四大石窟"。十六国时期的前秦建元二年(366),僧人乐尊路经此地,忽见沙漠中有山,金光闪耀,如万佛现身。于是他便顶礼膜拜,在岩壁上开凿了第一个洞窟。由此开始,不断有僧人来此建洞修禅。敦煌研究所的梅林先生在《附说敦煌法良禅师及其相关问题》一文中考证,大约在乐尊开窟50年后,来自佛祖释迦牟尼故乡——迦毗罗卫城的法良禅师来了,也建了洞,还把这里称作"漠高窟",意思是"沙漠的高处的洞"。因"漠"与"莫"通用,后来就写成了"莫高窟"。北魏、西魏和北周的统治者崇信佛教,莫高窟在那段时间里发展较快。元代以后,莫高窟停止开窟,逐渐冷落荒废。但历经了十六国、北朝、隋、唐、五代、西夏、元等朝代,莫高窟已形成巨大的规模,有洞窟735个,壁画4.5万平方米、泥质彩塑2415尊,成为世界上规模最大、内容最丰富的佛教艺术圣地。

明嘉靖七年(1528),嘉峪关封闭,敦煌成为边塞游牧之地。清康熙五十七年(1718)新疆平定,雍正元年(1723)在敦煌设沙州所,雍正三年(1725)改沙州卫,并从甘肃各州移民敦煌屯田,重修沙州城。乾隆二十五年(1760),改沙州卫为敦煌县,敦煌经济开始恢复,莫高窟也开始被人们注意。清光绪年间,道士王圆箓从酒泉流落到了莫高窟,在这个佛家圣地住了下来,为莫高窟当起了看护。光绪二十六年(1900)六月,王圆箓在第17窟清理积沙,无意中发现这个窟竟是藏经洞,从里面挖出了公元4世纪至11世纪的佛教经卷、社会文书、刺绣、绢画、法器等文物4万余件,其中书籍以佛教典籍最多,其他还有天文、历法、历史、地理、方志、图经、医书、民俗、名籍、账册、诗文、辞曲、方言、游记、杂写、习书等文本。从文字上看,汉文最多,另有吐蕃文、回鹘文、西夏文、蒙古文、粟特文、突厥文、于阗文、梵文、吐火罗文、希伯来文等多种古代民族文字。莫高窟藏经洞的发现震惊世界,英国人斯坦因、法国人伯希和、日本人橘瑞超、俄国人鄂登堡等外国探险家接踵而至。王道士为生活所迫,将这些文物大量出售,进了英、法、俄、日等国的众多公私收藏机构。只有很少一部分被清政府运至北京,入藏京师图书馆。

在关山月来到之时,中国人才开始重视对敦煌的考察。中国的历史学家、考古学家到过敦煌。但作为艺术家群体而言,关山月他们算是较早考察莫高窟的。他们到时是1943年七八月间,而之前最早到敦煌研究考察和临摹的是刘海粟的学生李丁陇。1938年冬,李丁陇和13名同学计划沿着唐玄奘走过的路线到敦煌,但大多数同学半途放弃了,只有他与刘方到了莫高窟。第二年6月,他俩才回到西安。1939年8月,李丁陇在西安青年联合会举办了"敦煌石窟艺术展",展出了自己在莫高窟创作的成果。1941年初,他到成都和重庆办展,并认识了张大千先生。受他的影响,1941年3月,画家张大千第一次来到莫高窟,其后又来过两次,在此停留的时间加起来共两年7个月,共画成276件作品。1943年6月,张大千离开莫高窟,去兰州举办"张大千临摹敦煌壁画展览"(1943年8月开幕),而几乎与此同时,关山月他们来到了莫高窟。但这些情况,当时的关山月并不知道。

关山月一行到了莫高窟的皇庆寺,接待他们的是常书鸿先生。

常书鸿1904年4月6日出生于杭州市,1918年考入浙江省立甲种工业学校(浙江大学前身)预科,学习染织专业,1923年毕业后留校任教。1925年任省立工业专科学校美术教员。1926年,学校转为浙江大学工业学院,常书鸿任本科美术教员。1927年6月,他带职自费赴法国留学,11月考入法国里昂美术专科学校预科学习。一年后提前升入专科,学习油画。

1936年,常书鸿受教育部部长王世杰之邀,回国任国立北平艺术专科学校教授。1938年随国立艺专迁校云南,任代理校长之职。1940年离开艺专,任教育部美术教育委员会常委兼秘书。1942年9月国立敦煌艺术研究所筹委会成立,常书鸿任副主任。1943年3月到达敦煌,筹备成立国立敦煌艺术研究所。

常先生在皇庆寺里腾了一间屋子,在土炕上铺了麦草,这样关山月夫妻就有了宿舍。赵望云与张振铎二人就在另一屋里共睡一炕。

放下行李,关山月一行就在常书鸿的带领下参观选点。

石窟分布在南北三里长、东西二里宽的鸣沙山灰崖壁上,显出庄严之感和神秘之气,吸引着艺术家的目光。

关山月看到每个石窟都有编号。常书鸿说:"这是张大千编的号。他来莫高窟三次了,刚走。"

关山月进了一座有着木制窟檐的石窟,一条甬道引导他们到了厅堂,厅堂正中是一个佛龛,佛龛里是一尊法相庄严的彩塑菩萨。关山月打量周边,墙壁、窟顶,到处都是壁画,画的都是栩栩如生的佛祖、观音及弟子们。这些佛界人士,组织出一个又一个佛的故事。

再到一个石窟看看。那里面有飞天的乐伎,神采飞扬,边上的天女生动无比。常书鸿说:"这是世界上最大、最壮丽的画廊!"关山月点头,心里也选定了要临摹的画。

夜幕降临,风铃声声。李小平已睡去了,关山月脑海里不时出现白天看到的画面,兴奋得睡不着。他下定决心,要好好在这里待一段时间。

第二天天一亮,关山月就把这个想法对李小平说了。李小平笑笑,说:"我们俩就是一个家,我俩走到哪里,家就在哪里。可赵先生、张教授呢?不知道他俩愿意待多久。"

关山月说:"我主意已定。就是他们走了,我也不走!"

李小平点点头,把文房四宝放进一个竹篮里,再带上水壶和大饼,与关山月一同出发去写生。

石窟里很狭窄,好在关山月个头小,身子轻,总能找到地方画起来。

李小平就在他边上默默地看着。看到他口干了,用舌头舔嘴唇了,就把水壶的塞子拔下来,把水递到他嘴边。关山月喝几大口,说声"够了",就继续临摹。

中午,关山月停下笔,席地而坐,就着水啃大饼。吃完了,马上又抄起画笔临摹。直到太阳西沉,洞里什么也看不见了,他们才收拾好东西走出石窟。

到了小河边,李小平开始洗笔砚。关山月说:"如果能弄到一盏风灯,我们还可以多画一两个小时。"

李小平说:"我们今天上午8点进的洞,下午4点出的洞,整整画了8个小时呢,可以了!我的腿都站酸了!"

李小平嘴上这么说,但她知道丈夫的脾气,他有了想法是一定要去做的。她在心里盘算起来:这年头,兵荒马乱的,而且这里地偏人稀,到哪里去弄风灯呢?不过蜡烛和油灯也许能顶用吧?第二天他们出发时,李小平的竹篮里就装上了蜡烛和油灯。

下午4点,洞里开始昏暗了,李小平点起了蜡烛,关山月又画了两个小时。

天黑透之后,蜡烛和油灯也不管用了。但关山月不愿意浪费宝贵的时间,他会在这时到其他洞窟观察,选定下一个临摹目标;或回到住处,整理当天的画稿。有时候,他也会与赵望云、张振铎、常书鸿一同小坐,点一盏小灯,天南海北地聊天。

1943年的中秋节到了,李小平拿出几个从成都带来却一直舍不得吃的猪肉罐头,常书鸿也带来了自己酿的葡萄酒。大家每人搬一把椅子,坐在院子里赏月。

那天的月亮又大又圆,猪肉很香,虽然葡萄酒有点酸,但大家依然很开心。

关山月作品《雪原牧笛》

赵望云很高兴,还扯着嗓子来了一段激昂的京剧。

不知不觉,他们在敦煌待了一个多月了,关山月也临摹了近百张画。他一生有四次重大的临摹,到敦煌莫高窟的临摹就是第四次。在这里,他的临摹吸取了西域风情,让他的画风有了深度,个人风格彻底形成。

冬天快要来了,关山月一行告别了常书鸿,离开了敦煌。大家在兰州分手,张振铎去重庆,赵望云去西安。关山月带着李小平,又去了青海写生,直到1944年春才回到成都。

第十四节

给万里行画上圆满的句号

1944年冬,关山月在重庆举办了"西北纪游画展",展出了饱含西北风情的100多幅作品。

他从兰州回成都后,埋头创作了《黄河冰桥》《塞外驼铃》《祁连牧居》《敦煌千佛洞》《青海塔尔寺庙会》《驼峰晚憩》《蒙民游牧图》《鞭马图》《牧羊女》等一大批作品。

从1940年进入内地的韶关算起,到1948年冬,关山月历时近五年,行程万里以上,完成了从一般艺术家向艺术大家的华丽转身。"西北纪游画展"就是此行成果的展示,更是此行一个圆满的句号。

徐悲鸿来了,他评价说:"(关山月的绘画)风格大变,造诣愈高!"徐悲鸿的这句话,给关山月绘画技艺走上新台阶

关山月作品《青海塔尔寺庙会》

下了定义。

文坛领袖级人物郭沫若先生也来到了关山月的画展。

郭沫若1892年11月16日生于四川省乐山市观娥乡沙湾镇，是中国新诗的奠基人之一。1923年后，他提倡无产阶级文学。1927年参加了中国共产党领导的南昌起义。1928年2月流亡日本，写出了《中国古代社会研究》《甲骨文字研究》等重要学术著作，成为古文字学家、考古学家。抗日战争爆发后回国，任军事委员会政治部第三厅厅长，后改任文化工作委员会主任，组织了声势浩大的武汉抗战文化运动，他本人也创作了《屈原》《虎符》《棠棣之花》等六出历史悲剧作品，成为中国历史剧的开创者之一。就是这样一位重量级的人物，带着夫人于立群和秘书，出席了关山月画展的开幕式，之后还几次到馆，并在闭幕当天又到现场观展。他对关山月说："《塞外驼铃》和《蒙民牧居》借给我带回家，我想在上面题诗。"

第二天一早,关山月接到郭沫若秘书的电话,说郭先生连夜在两幅画上题了诗,让他去天官府郭先生家。

关山月来到郭宅,郭沫若笑眯眯地迎上来,拉着他的手走进客厅。他指着悬挂在墙上的两幅画说:"你看看写得怎么样?我还怕佛头着粪呢!"

关山月一看,郭沫若竟题了六首绝句在《塞外驼铃》的诗堂上:

关山月作品《塞外驼铃》

塞上沙风极目黄,骆驼无际阵成行,
铃声道尽人间味,胜彼名山着佛堂。

不是僧人便道人,衣冠唐宋物周秦,
囚车五勺天灵盖,辜负风云色色新。

大块无言是我师,陆离生动孰逾之,
自从产出山人画,只见山人画产儿。

可笑琴师未解禅,人前争自说无弦,
狂禅误尽佳儿女,更误丹青数百年。

生面无须再别开,但从生处引将来,

石涛珂壑何蓝本？触目人生是画材。

画道革新当破雅，民间形式贵求真，
境非真处即为幻，俗到家时自入神。

郭沫若的诗是白话易懂的，前面两首描绘了画上的西北风情和关山月的画风，三、四两首则寄托出自己的人生感叹和对当时的国画家喜画禅的看法。最后两首更好，对艺术的经验做了提炼，即要进入人生就要别开生面，只要求真自会出神入化。

郭沫若写完六首诗，还写了一个跋："关君山月同志有志于画道革新，侧重画材酌挹民间生活，而一以写生之法出之，成绩斐然。近时谈国画者，犹喜作狂禅超妙，实属误人不浅，余有感于此，率成六绝，不嫌着粪耳！民纪三十三年岁阑题于重庆。"在这里，郭沫若将深入民间生活的关山月与一味画禅的画家对比，肯定了关山月深入生活的做法。

在《蒙民牧居》的诗堂上，郭沫若也题了一个跋：

"国画之凋敝久矣。山水、人物、翎毛、花草无一不陷入古人窠臼而不能自拔，尤悖理者，厥为山水画，虽林壑水石与今世无殊，而亭阁、楼台、人物、衣冠必准古制，揆厥原由，盖因明清之际，诸大家因宋社沦亡，河山之痛沉亙于胸，故采取逃避现实一途，以为烟幕耳！八大有题画诗云：'郭家皴法云头少，董老麻皮树上多。世上几人解图画？一峰还写宋山河。'最足道破此中秘密，惟相沿既久，遂成积习，初意尽失，终因成见太深，怯者亦不敢过与社会为敌。关君山月屡游西北，于边疆生活多所研究，纯以写生之法出之，力破陋习，国之曙光，吾于此焉见之。"在这里，郭沫若指出国画一味仿古的来由，肯定了关山月向生活要革新的做法。关山月读罢，不知道如何感谢郭沫若才好。

郭沫若说："我今天叫你来不是来拿画的，而是与你讨论一下国画的革新

Guan Shanyue 关山月

关山月作品《龙羊峡》

的。"他称关山月的这批画是"国画之曙光",他要关山月把画放在他这里几天,让朋友们都来欣赏一下。郭沫若的做法是很有深意的,他是要借关山月的做法,推动艺术家深入火热的生活。

这天,美国驻重庆大使馆的新闻处长又来到关山月处。他说,自己想把关山月的这百余幅画全部买下来。关山月说:"这些画是非卖品。"

处长不甘心:"关先生为什么不能告诉我一个价格呢?多少钱都不要紧,我们不怕昂贵。"

但关山月还是说:"你给多少钱我也不卖,谢谢!"

这位新闻处长只好走了,这也算是关山月万里行的最后一个小插曲吧。

第五章

迎接新中国的曙光

YINGJIE XINZHONGGUO DE SHUGUANG

黎明前会有一段黑暗，度过这段黑暗的人，最能体会到新生活的甘甜。

第一节

回到广州

抗战胜利的第二年,即 1946 年初秋,关山月与妻子李小平以及他们 1 岁的女儿关怡回到了阔别 10 年的广州。

抗战后的广州,战争的创伤处处可见,大新公司、先施公司的高楼大厦只剩下残垣断壁。街上最多见的是绿色的军用吉普车,还有乱跑的瘦骨嶙峋的军马。关山月深有感触,回到广州后创作的第一幅画就是《接收后的军马》。

关山月拜访了老师高剑父。抗战期间,高剑父一直待在澳门,现在也已回到广州。他创办的南中美术学校取代了春睡画院,他也自任校长。

关山月给老师带去了自己这十年的画作,汇报了万里行的体会。高剑父认真地看着,不时点点头。末了,他说:"你将这些作品挑一批出来,办个展览吧,也让广东的朋友们批评批评。"

此话正中关山月心怀。他请老师给画展提了名,"关山月西南西北纪游画展"在文明路的广东省文献馆开幕。这是关山月向家乡人民的汇报,他用生气勃勃的新画风敲开了回广东的大门,给岭南画派注入了新气息。

1947年春,关山月的师伯、岭南画派创始人之一的陈树人从上海回广州探亲。关山月随老师高剑父等人请陈树人喝茶。一班师友相聚,十分高兴,陈树人提议:"这些年战祸频仍,故人星散。今天难得碰在一起,何不联手办个画展作为纪念?"

高剑父当即同意:"树人兄这主意好极了!我们这个联展不但是个纪念,也是一个汇报,让社会都知道我们这几年做了些什么。还可以通过联展把锣鼓重新敲响。"

大家当场拟定了参展人员的名单:高剑父、陈树人、黎葛民、赵少昂、关山月、杨善深。

黎葛民1882年生,广东省顺德县人。1919年毕业于日本东京川端绘画专科学校,1920年在广州与陈树人、何香凝等组织"清游会",时任中南美术学校教授,也属岭南画派的第一代成员。赵少昂,1905年3月6日生于广东广州,自学绘画,1921年入高奇峰(高剑父的弟弟,岭南画派创始人之一)办的美学馆学画。1930年设岭南艺苑,教授绘画。杨善深1913年出生于广东赤溪,1935年留学日本,在京都堂本美术专科学校攻读美术专业。1938年回国,于香港举办第一次个展。1940年赴新加坡、南洋举办画展,邂逅徐悲鸿,合作绘画多帧。同年,作品入选在苏联举办的"中国艺术展览会",并任中国文化协进会会员。1941年与高剑父、冯康侯等人在澳门成立"协社"。赵少昂、杨善深与关山月,同为岭南画派的极有作为的第二代成员。

画展在广东省文献馆开幕。100幅画,代表着岭南画派艺术的高峰和近年的成果,参观者把展馆大门围得水泄不通,新闻媒体对展览的报道也源源不断。

1947年，关山月与高剑父、陈树人、黎葛民、赵少昂、杨善深的合影

展览中，陈树人提议：6位参展者合画一幅画，为这个里程碑式的展览留作纪念。大家欣然同意。杨善深画了白色的杜鹃花，赵少昂画了桃花，陈树人补上气节凛凛的竹子，黎葛民染上了紫色的杜鹃花。关山月画的是自己最喜爱的红梅，高剑父题了跋。

画成，陈树人提议，以抽签的方式决定此画由谁收藏。为了弥补其他人没有得到画的遗憾，六个人合拍了一张照，洗了6张，每人都在照片背面签名，一人一张。

关山月两眉中的幸运痣给他带来了好运，经抽签，他得到了这幅画。

第二节

去南洋

杨善深的南洋经历影响了关山月。广州画展结束后，1947年夏天，关山月有了去南洋的打算。

这天，他在诗画雅集中遇到了卸任的国民政府两广监察使刘侯武。

刘侯武生于广东潮阳县谷饶镇新坡村（今属广东省汕头市潮阳区），早年在广州秘密参加同盟会。宣统三年（1911）3月29日参加黄兴指挥的广州起义。1925年冬任潮安县（现广东潮州市辖区）县长。1927年到暹罗从事教育和新闻工作。1931年九一八事变后，向海外募款，支援东北抗日救国军。1942年至1947年，潮汕地区粮荒空前，刘侯武敦请旅暹潮人赈恤，募得暹币100余万铢和港币140万余元，购粮返潮汕。

在桂林时，关山月就与他有一面之交。第二次见面，两个人就更熟悉了。刘侯武正打算去泰国、新加坡旅行，择址定居。他鼓励关山月："你为何不去南洋走走？那里的华侨对祖国的人很亲切，一定会欢迎你的！"关山月点了点头。

1947年7月26日，关山月开始了南洋之行。

南洋，是明清时期中国对东南亚一带的称呼，此概念中包括马来群岛、菲律宾群岛、印度尼西亚群岛，也包括中南半岛沿海、马来半岛等地。泰国就位于中南半岛中部，新加坡则位于马来西亚之南，它们都属于南洋。

关山月带着自己的80幅作品，还选了妻子李小平的20幅仕女图。他先到香港，再乘水上飞机到泰国曼谷。

曼谷位于昭披耶河东岸，南临暹罗湾，是泰国首都和最大的城市，也是中南半岛最大的城市，东南亚第二大城市。当时全市人口130万，其中华侨占了一半，而华人中，广东潮汕籍的又占了一半以上。

到了曼谷，关山月联系上了刘侯武。刘先生热情地把关山月介绍给了青年华侨领袖李之绵先生。李先生祖籍广东潮汕，为泰国华侨新声国乐社理事长。他将关山月的行程安排得妥妥当当，还亲自领关山月去观光写生，为他张罗画展。

曼谷给关山月的第一个印象是"东方威尼斯"。市内河道纵横，河上停泊着一排排木船，船上是一座座浮屋，组成一条条水上街道。

到了晚上，曼谷就是歌舞之都。音乐肃穆却舞姿婀娜，丰腴的身躯、雪白的贝齿和项圈、腕钏，把泰民族的风情展露无遗。

这些素材让关山月目不暇接。他每天一出门，写生的笔就再也停不下来。

在此期间，李之绵一直带着他参观，关山月写生时，他就在一边静静地看。有一天，李之绵挺不好意思地拿出自己的画作，请关山月指教。这样，关山月与李之绵的感情又深了一层。

关山月作品《吉灵人市集》

在泰国,关山月还认识了温永琛和王兰若。

温永琛是广东白鹤山人,1922年生于香港。12岁时家贫失学,投身商业,但笃好书法,工余朝夕临摹,乃成绝艺,年纪轻轻就在上海举办了书法展览,《申报》记者刊文称他为"岭南神童"。王兰若1911年生,广东揭阳人,1935年毕业于上海美专国画系,1947年时在南洋群岛求学。

三个艺术人,谈起来十分投机,便一同在泰国的曼谷、清迈办了展览。

不知不觉,三个月过去了。离别时,关山月画了一幅《曼谷风情》送给了热情好客的李之绵。

离开泰国后,关山月与王兰若结伴,到马来西亚的槟榔屿、首都吉隆坡,又到新加坡办了展。新加,在马来语里是"狮子"的意思,坡拉是"城市"的意思。所

关山月作品《舞》

以这个只有 610 平方公里、历史只有 100 余年的城市又叫狮城。在这里的大街小巷都可以遇到华人,连店铺字号都写着汉字。这里的华侨对祖国的书画艺术更是十分热爱。关山月与王兰若一到新加坡就被媒体得知,第二天的报纸就刊出了二人来新加坡的消息。南洋美术专科学校校长林学大、画家刘抗、吴在炎热情地为他们接风。当然,二人的作品在新加坡中华会馆展出时也热闹非凡,李小平的仕女画更是受到了特别的欢迎,画展的展期也一再延长。

高剑父来信了,他已被任命为广州艺术专科学校校长,他要关山月回广州,担任广州艺专教授兼中国画科主任。

关山月不能耽误新学期开课。他放弃了自由自在的写生生涯,收拾好行装,告别了新老朋友,回了香港。

关山月回到广州时,正是大年三十晚上。屈指一算,他去南洋已有半年时间了。

第三节

避难香港

黎明前的黑暗不但黑,而且黑幕里往往藏着欲害人的恶魔。

抗战胜利后,作为国统区的广州,人民的生活真的很苦。纸币贬值很快,学校发薪水那天,教职员工会"约定俗成"地停课一天,到市场上抢购大米,如果迟了一天,甚至迟了一两个钟头,纸币就会贬值很多。关山月任教的广州市艺专是广州国民政府办的,薪水发放并不正常,时不时地就会拖延几天,到了后来竟一拖三个月发不了薪。

1949年春,广州艺专的一位教师因长时间领不到工资,贫病交加,去世了。学生要为老师鸣不平,组织抬尸游行,要求当局保证教师和学生的生活待遇。有师生来邀请关山月参加。虽然校长是关山月的恩师高剑父,关山月也知道发不出薪水不是高剑父的错,但这事关公平与正义,他便同意参加了。

游行那天,他们从海珠北路的艺专出发,途径惠爱路,再折入四牌楼,转了一大圈才散去。

回来后,有人对关山月说,这次活动是地下学联组织的,有红色色彩,要他注意。

过了几天,中山大学几位进步的教师,只因在课堂上讲了几句对国民党不满的话,就相继被捕了。这时,广州艺专的师生又组织起一支慰问队,要去中山大学慰问和声援,有人来问关山月参加不参加。关山月又毅然参加了这次社会活动。他们四五十个人,一人一面小旗子,上书"反饥饿""反迫害",沿着爱惠路往东游行,再进入中山大学的后门,来到鲁迅先生当年住过的大钟楼前高呼口号,要求释放被捕教师。

不一会儿,其他院校的慰问队也到了中山大学,前面来的慰问队就先行离开。关山月随广州艺专的队伍走出中央大学后门时,被老朋友、中山大学教授阎宗临一把拉出了队伍。

阎宗临是历史学家,1929年入瑞士伏利堡大学攻读欧洲古代史、欧洲中古史和拉丁文。1933年获得瑞士国家文学硕士学位,1936年获得瑞士国家文学博士学位。抗战爆发后回国,任教于山西大学、广西大学,1948年任中山大学历史系主任兼历史研究所所长。他对关山月说:"你干吗参加这种活动呀?太危险了!"关山月点点头,表示知道了。他谢了老友的好意,又回到队伍中继续游行。

第二天的报纸刊出了以"中山大学教师连续被捕,各校师生纷起声援"为题的报道。文章写得很详细,在一大串声援的名人名单中,关山月的名字赫然在目。

第三天早上,关山月从门口的信箱里拿回一堆信件,其中一封拆开一看,里面没有一个字,只有一张白纸,上面画着一支手枪和三颗子弹。他立即体会到,阎教授的提醒不是没有来由的。

关山月马上给李小平留了一张字条:"我出去找个朋友,什么时候回来会电告你,勿念!匆匆。"然后他就坐上了广州到九龙的火车,去了香港。

关山月到了香港,找到了黄蒙田。黄蒙田1919年生,广州台山人。他是广州市立美术专科学校西洋画系毕业的,因此关山月与他有过来往。他听关山月讲了情况,大笑:"好啦,到香港你就安全了,我们人间画会也多了一员大将!"他先把关山月带去一家小餐厅吃晚饭,再打电话给人间画会的负责人黄新波,商量关山月的事。

黄新波在关山月于桂林办画展时就认识他了。现在他是地下党负责人,他领导的人间画会,是党的外围组织。他当然很欢迎关山月这样有进步思想的人加入画会。于是,他安排关山月到香港文协住下。

香港文协在九龙街一栋小楼的四楼,一厅三室,三室分别住着作家于逢、张毕来和版画家张漾兮,关山月就住了客厅。

第二天,关山月给李小平写信报了平安,告诉她新地址。李小平为了避免麻烦,改名"李秋璜"与他通信。秋,是因为她的养父李秋山的名字中有一个"秋"字;璜,是因为她的生父叫黄有,用了"黄"字的谐音。李小平从此之后就改叫"李秋璜",并一直叫到了老。

关山月算是在香港住下了,文协每个月会发一些生活费。1942年在成都认识的齐鲁大学病理科教授侯宝璋,此时在香港大学任教,他知道关山月到了香港,就来看他。看到关山月生活有困难,侯宝璋就说:"我要去美国讲学一年。你给我两幅画,我帮你带到美国去卖!"

关山月给了他一幅老虎图,一幅花鸟画。没料想,侯宝璋去了美国仅一个月,就给他寄来了400美元。

这是多难得的一份情义呀。关山月给侯宝璋写了一封信,他准备先到轩尼诗道邮局寄信,然后去渣打银行取款。

不料,关山月到了银行,却发现汇单被小偷偷走了。

万般无奈之下,他来到住在附近的杨善深家吐苦水。

杨善深的父亲是一个"老香港",处理失窃事件很有主意。他问:"你记得汇单号码吗?"

关山月记忆力好,而且这汇单又包含着深厚的朋友情义,他当然记得号码。

杨父说:"记得就好。你把号码写给我。"他拿着号码去警察局报了案,警察局马上通知了渣打银行,并在银行布控。第二天,当小偷拿着关山月的汇单来到渣打银行取款时,被当场抓获。

400美元失而复得,这是多大的喜讯呀!关山月又可以安心写生了。更大的收获是,文协的同志送了一本毛泽东的《在延安文艺座谈会上的讲话》给他。

延安文艺座谈会是1942年5月2日至23日召开的,"讲话"分5月2日的引言和5月23日的结论,1943年10月19日在《解放日报》上正式刊发。

关山月第一次读共产党的文字,他发现毛泽东所提出的"人民生活中本来存在着文学艺术原料的矿藏,这是自然形态的东西,是粗糙的东西,但也是最生动、最丰富、最基本的东西,在这点上说,它们使一切文学艺术相形见绌,它们是一切文学艺术的取之不尽、用之不竭的唯一的源泉。这是唯一的源泉,因为只能有这样的源泉,此外不能有第二个源泉"的观点与自己的艺术实践十分吻合,因此,他对毛泽东提出的"文艺要为工农兵服务"的口号也十分赞同。他觉得自己以往努力的方向没有错,他信奉毛泽东主席的话:"中国的革命的文学家艺术家,有出息的文学家艺术家,必须到群众中去,必须长期地无条件地全心全意地到工农兵群众中去,到火热的斗争中去,到唯一的最广大最丰富的源泉中去,观察、体验、研究、分析一切人,一切阶级,一切群众,一切生动的生活形式和斗争形式,一切文学和艺术的原始材料,然后才有可能进入创作过

关山月作品《行云流水醉秋山》

程。"他确定自己今后的方向是努力为人民大众服务,并开始积极投身到为革命和为人民服务中去。

在香港的年月,是关山月的思想向革命性转化的年月。

第四节

迎接广州解放

进步作家黄谷柳的长篇小说《虾球传》,讲述了主人公"虾球"从一个出身穷苦的流浪儿成长为一名游击队战士的故事。小说在夏衍主编的《华夏报》副刊上连载后,关山月据此画出了连环画,在《大公报》上发表。连环画用的是中国画传统的白描手法,以刚劲有力、简练明快的线条,准确生动地勾画出故事中的人物形象。这标志着关山月对革命进行了主动而积极的靠拢,把政治理想和社会责任放在了首位。

革命作家郑江萍写出了以"红小鬼"为主人公的中篇小说《马骝精》,关山月也把他的作品画成连环画,在报刊上发表。

大画家一般是不肯画连环画这样"小儿科"的东西的,

但学了毛泽东讲话的关山月，心中有了一个大目标——只要是对革命、对人民大众有益的事，都应当去做！

一天，作家于逢找到关山月，说："解放军马上就要解放广州了，我们应当劝说广州的亲朋好友不要惊慌，组织起来护厂护校，迎接解放。"于逢希望关山月把这个意思告诉高剑父，希望广州解放时，他能留在广州。

关山月猜到于逢可能是共产党员。他知道高剑父常去澳门，于是就来到澳门，看望了慧因师傅，再通过慧因找到了高剑父，约他来茶楼喝茶。

他把于逢的话告诉了高剑父。高剑父说："我信任你，我不会离开广州。我会布置教职员工保护好我们的学校，你放心好了！"

告别了老师，关山月回到了香港。这时有消息传来，中华人民共和国将于10月1日在北京成立，解放军也正向广州开来。还有一个消息是马上要召开全国第一次文代会，关山月和被孙中山誉为"东亚画坛第一巨擘"的李铁夫被定为第一届文代会的广东代表，需要乘苏联的油轮去参会。这让关山月十分高兴。

但是第二天，新的消息传来：海路被美国封锁，航线断航，关山月一时无法去北京参加会议。这时人间画会提出，要画大幅宣传画，迎接广州解放，关山月便马上加入了这幅画的创作。

这幅画设计长度为30米，宽10米，画面是毛泽东主席站在五星红旗下挥手，标题是："中国人民站起来了！"

20多位画家自掏腰包，凑钱买了画布，再把画布铺在香港文协顶楼的天台地坪上，夜以继日地画了20多天，终于在广州解放前两天的1949年的10月12日完成了。

10月14日，广州宣告解放。15日，关山月与张光宇、王琦、黄茅带着由20余位画家共同创作的大幅宣传画，乘着香港九龙开往解放后的广州的第一班列车来到了广州。他们来到军管会，军管会主任、广州市市长叶剑英接见了他们。第二天清晨，他们把这幅画挂在了广州当时最高的建筑物——爱群大厦上，从十三楼楼顶一直下垂到一楼。画面气势磅礴，十分壮丽，把人民欢迎解放的心情表达得淋漓畅快，一时轰动了广州全城。

这幅画是关山月决心献身中华人民共和国艺术事业的表态，是他人生的一个转折点。

百年巨匠
Century Masters

关山月作品《涛声》

第六章

做一个革命的艺术家

ZUO YIGE GEMING DE YISHUJIA

做一个革命的艺术家，是一种信念，更是一种辛苦的磨炼，这是关山月没有想到的。但当这一切来临时，他的选择依然又无反顾。

第一节

参加土改

回到广州的第三天,关山月来到了原来工作过的广州艺术专科学校。因为他是为参加革命而出走,又是为参加革命而回来,所以在校门口受到了热烈的欢迎,是被人抬到校办的。

遗憾的是,高剑父因受人恐吓,在广州解放前出走澳门了。

但值得高兴的是,由著名作家欧阳山牵头,新政府筹备成立了华南文艺学院,原省和市的艺专并入该学院作为美术部,黄新波被任命为主任,关山月为副主任。关山月的身份还有:华南文联委员、全国美协常委。他由此正式进入了中华人民共和国建设者的行列。

Guan Shanyue

开始时，关山月的工作不是教学。因为华南土改开始了，全体师生要到土改一线去。

关山月把这个工作看成是洗刷自己的旧思想、改造知识分子劣根性的好机会。1950年11月，他带着一班学生开赴广东沿海地区的宝安县（今属深圳市、香港特别行政区）参加土改，然后又被分配到山区云浮县，任人民法庭副庭长。

土改中，关山月最惊险的一次经历是送信。

这一天，县委书记把他叫去，问道："关山月同志，你熟悉去四区的路吗？"

关山月说："我没去过四区。不过没什么，路在嘴巴上嘛。"

县委书记点了点头："是这样的，我们县的四

关山月作品《长征图》

区与罗定县(今罗定市)毗邻的地方发现一股土匪,我们要与罗定县联合起来,共同剿灭他们。你跟四区区长陈残云熟悉,所以想派你带着剿匪文件去找他,让他跟罗定县联系,协助我们行动。怎么样?有困难吗?"

关山月当然认识陈残云。他1914年生于广州一个家境贫寒的家庭,在亲属的资助下上了学。长大后到香港当了伙计。19岁时,他的短文《一个青年的苦恼》在《大光报》上发表。1935年,他入广州大学读书,出版诗集《铁蹄下的歌手》。后来他一直在做抗日救亡工作,还创作了中篇小说《风沙的城》,写出了电影剧本《珠江泪》。《珠江泪》被拍成电影后,创出了粤语片卖座率的最高纪录。1950年,《珠江泪》获得国家荣誉奖。华南文学艺术学院成立后,陈残云任学院秘书长,与关山月在同一个学院。

"没有问题,我熟悉陈残云同志,保证完成任务!"关山月像解放军战士一样回答。

县委书记点点头,给了他一份剿匪行动计划,一把左轮手枪。

关山月从县委出来,打了一个小背包,上了路。

出了县城即进入山区。茂密的山林风景如画,但关山月此时的身份不是画家,而是战士,要做的不是品鉴大自然,而是尽快完成任务。山路难行,而且路上也没有人,没办法问路。关山月也没有受过专门的军事训练,不会辨别方向。

走呀走呀,关山月越走越觉得不对劲,等终于遇到一个行人打听时,才发现自己已偏离正路20多里了。出发前有人告诉他,大概下午五六点钟就能到,现在走错了20里路,以1小时走10里的较快速度计算,他最早也得晚上七八点才能到了。

关山月有点心虚。他掏出左轮手枪,看到里面有五发子弹。他想试试枪管不管用,就对准前面的大树放了一枪。"啪",枪是响了,不过子弹出膛飞了十米,还没飞到大树跟前,就掉进前面的小水塘里去了。唉,竟是一支这么不顶用的枪!关山月只能听天由命了。他下了决心,一旦遇到敌人,就销毁行动计划,然后与敌人拼了。这枪，打敌人不行，自杀还是可以的吧。

这样想着，走着，在一更时（约晚上七点到九点），他找到了四区区委会。

值班人员叫来了陈残云。陈残云接过文件，笑了："想不到我们的大画家还有当兵的能耐！"

这样，关山月在农村搞土改，一搞就是3年。刚下来时，土改队有纪律：一心搞土改，不得搞其他东西。于是关山月他们成天忙于适应农村生活，忙于跟老乡打成一片。到了后期，关山月有些发言权了，就对领导说："一边工作，一边创作，不是工作与创作双丰收吗？"领导一想，这也是好事，就同意关山月成立创作组。师生们在工作之余开始写生，并向《南方日报》投稿。《南方日报》把来自一线的作品刊发在报眼位置上，给土改工作以有力的促进。

第二节

1956 年是个好年份

1953 年，国家进行院系调整，华南文艺学院美术部与武昌艺专、广西艺专合并，在武昌成立了中南美术专科学校，土改回来的关山月被任命为中南美专副校长兼附中校长，家也从广东搬到了湖北武昌。

学校兴办之初，什么都缺。一天，原定的模特来不了了，关山月就把不到 10 岁的女儿从家里喊来，到课堂上做模特。女儿虽小，却是"穷人的孩子早当家"，关山月找到她的时候，她正在家里缝补衣服呢。关山月把女儿带到了课堂，让她继续摆出缝补的造型，自己则执笔为同学们作示范，创作了《穿针》。这幅画成为他人物画的代表作。

即使当了校领导，关山月仍坚持去一线写生。他深入南

Guan Shanyue

湾水库，创作了《新开发的公路》，并发表论文《论国画的现实主义》。《新开发的公路》的画面上是一条穿梭在崇山峻林中的新建公路，公路上跑着崭新的汽车。山上有许多猴子，它们惊奇地看着从来没有见过的汽车。就这样，关山月把中国画这一传统技艺与社会主义建设天然地结合起来，让人看时忍俊不禁，回味无穷。这是关山月为中华人民共和国画的第一幅作品，他用创作实践宣告自己融入新中国的决心。这幅作品入选第二届全国美术作品展，被文化部收藏。

1955年，关山月随春节慰问团去朝鲜慰问志愿军，回来后当选为全国文联委员、湖北省文联副主席。1956年，他创作出《一天的战果》，获湖北美术作品一等奖。同年，他被湖北省委批准为三级教授。

1956年7月1日，关山月参加了在汉口礼堂举行的纪念

关山月作品《穿针》

关山月作品《新开发的公路》

党的生日座谈会。座谈会上有一个议程是一批高级知识分子入党,关山月看到入党者的行列中有他的好友李国平。

李国平是关山月在乐山认识的挚友,关山月还因他创作出《今日教授之生活》。两人见面,十分高兴。李国平现在是武汉大学数学系主任,住在武大珞珈山。

座谈会结束后,关山月用一瓶茅台酒招待李国平。李国平纠正了他只重艺术不问政治的思想,动员他马上写入党申请书。

关山月回来后就写了入党申请书,党支部邀请他同党员们一同过组织生活。这年11月,关山月与副校长——油画家杨秋人一同宣誓,加入了中国共产党。

入党后,关山月更积极了。他坚持以教育工作者而不是校领导的身份出现在师生面前,坚持讲课,坚持深入生活。他带领学生去武汉钢铁厂、湖南醴陵、衡山实地写生。

11月,关山月参加了中国赴波兰访问团。这个团只有两个团员,一位是他,另一位是刘蒙天。

关山月作品《武钢工地》

刘蒙天1918年生，浙江省嵊州市长乐镇水竹安村人，1938年入延安鲁迅艺术学院美术系学习，擅版画，后到晋绥军区政治部主编《战斗画报》，时任西北艺术专科学校副校长。

这是关山月第一次到欧洲，第一次实地感受外国的美术教育。他抱着虚心求学的态度来到了东欧的这个社会主义国家。

波兰人对传统充满敬意的态度让他感动。波兰的陶瓷艺术品体现着民族风格，服饰也保留着浓厚的民族风情。对苏联的教学方法，波兰的同志在教学中也是有取舍的。这让关山月联想到中国国内美术教学中一味崇苏的做法——中国画不能叫"中国画"而叫"彩墨画"，工笔画则叫"单线平涂"，在美术教学方法上也只要灯光素描。他决心回国后就学习波兰同志的办法，改变国内僵死的美术教学。

在波兰的一个月，关山月画了60多幅画。在肖邦故居，他甚至待了一整天。

行程要结束时，驻波兰大使馆为他举办了波兰作品观摩会。王炳南大使以酒会的形式举办了开幕式，波兰四五十位画家到场。他们看到关山月以中国画技法画的《肖邦故居》《陶瓷艺人》《革但尼海港》《华沙旧城》，都感到十分惊奇，纷纷与关山月交换作品与贺年卡。

离开华沙时已是年底。路过莫斯科时，关山月一行正碰上"社会主义造型艺术展"开幕，他们抓住机会参观了展览，还参观了著名的艺术宫殿特列恰科夫美术馆。

1956年，对关山月来讲真是个好年份。

关山月作品《肖邦故居》

第三节

拿出中国自己的教学方法

1956年在波兰形成的想法，经5年实践才有了收获。

1961年11月22日，关山月在《人民日报》发表了《有关中国画基本训练的几个问题》，并在文章中提出几个观点：

一、中国画教学也要从石膏圆球入手，这是不对的，因为"中西绘画是两个不同的体系，不论是在认识对象还是在表现对象上，都各有各的办法。西洋绘画里有许多值得我们学习的东西，必须从中得到借鉴。画石膏圆球对通过明暗的调子来体现物象的体积，确有许多优越的条件。但是，中国画是另有路数的，中国画从不变的物象来分析它们的特征，掌握它固有的特征，不用明暗也同样可以表现物象的真实。若不从两个根本不同的造型体系来理解（中西画），盲目地采用西法是不会对中国画有利的。"

二、他主张用毛笔直接写生。他指出,要画得准并非一定要用铅笔、炭笔不可。有人为什么认为铅笔、炭笔画得准,是因为有橡皮帮忙,画的不准可以擦掉。而用毛笔就不行。用毛笔难就难在不好擦掉,一笔不准只能另起炉灶。所以,橡皮有功也有过——功在于可以让持铅笔、炭笔者改动;过在于让他们在画前没有成竹在胸。毛笔有过也有功——过在于一笔下去再不能更改,功在于让画者不敢乱下笔,每笔都要成竹在胸。这便于从整体出发,让手、眼、脑并用,从而养成一种良好的创作习惯,能画出高境界的画来。

关山月作品《放工》

这些观点一出,立即得到业内共鸣。

1957年春,关山月代表中南美专出席了文化部艺术教育局召开的艺术教育工作会议。他在会上提出:美术院校必须分校,建立中国画系!他大胆提出的"中国画"的说法,与著名画家潘天寿的想法不谋而合。

潘天寿1897年生,浙江宁海县人,早年得经子渊、李叔同指导,1923年在上海美术专科学校及新华艺术专科学校任教授。1944年至1947年任国立艺术专科学校校长,1949年后任中国美术家协会副主席、浙江省文联副主席、美协浙江分会主席、中央美术学院华东分院副院长、浙江美术学院院长。他写了一份书面提案,要求建立中国画系。

不久,广东省委书记陶铸的指示传达下来:经国务院同意,由胡一川、关山月、杨秋人等负责,将中南美专迁回广州,成立广州美术学院,由胡一川(版画家、中南美术专科学校校长)任院长,关山月任副院长兼附中校长。关山月提出成立中国画系的意见也被采纳,并由他兼任系主任。

关山月开创了中国画的新教学方法。

中国画讲究的是道为先,也可以理解为意境为先,所以有了"以形写神,迁想妙得"的"传神论"。

中国画是以线条来表现画面的,与西画的块面表现路径不同,但可以取得同样的效果。中国画强调"骨法用笔",通过墨色的"焦、浓、重、淡、清"五种变化,通过颜料上色时"三矾九染"的渲染,通过中国画特有的皴法,如对山川的披麻皴、雨点皴、卷云皴、解索皴、牛毛皴、大斧劈皴、小斧劈皴,对树身树皮的鳞皴、绳皴、横皴、锤头皴等,表现形体的肌肉与骨头,还能表现出它们的质感与神韵,从而把所画的对象表现得形似、神似。

中国画既讲究临摹,以得前人意境和技法的精髓;又提倡写生,到生活中去描绘事件,写出它们的生意。中国画还有着自己的审美鉴赏标准,即品画"六法":一是气韵生动(指画面形象有精神气质);二是骨法用笔(指画出形状与质感);三是应物象形(既要客观地画出事物,又要有提炼、想象与夸张);四是随类赋彩(根据情况施用色彩);五是经营位置(通过大小、方圆、曲直、开合、聚散、疏密、主从来进行画面造型);六是传移模写(即对真实的人与物写生得好,对古人作品临摹得好)。

关山月作品《榕荫渡口》

  结合中国画的这些特点，吸纳西画的素描办法，关山月创出"用毛笔新素描"。他带头尝试，受过西洋素描影响的青年教师刘济荣积极跟进，成功后在学生中提倡。很快，他的学生用毛笔画白描的画更具有中国画的味道。事实证明，这是一种既吸收了西画长处，又保留了中国画传统的新方式，是振兴中国画的一条有效路径。

  1961年"广州美术学院学生习作展"举办，并在上海、杭州、武汉和东北主要城市展出。这是关山月提出"中国画"的概念以及开展中国画教学成果的展示。综合各地的评价，广州美术学院师生的中国画、人物画，既有传统，又有创

Guan Shanyue

新；既注意造型，又注意生活；既用线描，又吸收块面方法，令人耳目一新。

　　耳目一新就是创新。关山月在教学工作中，把自己的绘画实践上升到了理论高度，为自己成为大师再铺垫一块厚砖。

关山月作品《水果之乡》

百年巨匠
Century Masters

关山月作品《猫雀图》

第七章

高峰永立
GAOFENG YONGLI

中华人民共和国成立后,关山月奔跑在自己的艺术道路上,不停歇地向艺术的高峰攀去。

百年巨匠

第一节

欧洲行

1958年年底,中华人民共和国成立十周年前夕,中国在西欧和北欧组织了"中国近百年绘画展览"。

那次参展的大家有:

吴昌硕(1844年8月1日—1927年11月29日),浙江湖州人。中国近现代书画艺术发展过渡时期的关键人物,"诗、书、画、印"四绝的一代宗师,著名国画家、书法家、篆刻家,与任伯年、蒲华、虚谷并称"清末海派四大家",西泠印社的第一任社长。

赵之谦(1829—1884),浙江绍兴人。"海上画派"的先驱人物,以书、印入画所开创的"金石画风",对近代写意花卉的发展产生了巨大的影响;在书法上,他是清代碑学理论最有力的实践者，其魏碑体书风的形成，使得碑派技法体系进一步趋向完善，从而成为清代第一位在正、行、篆、隶诸体上真正全面学碑的典范；在篆刻上，他在前人的基础上广为取法，以"印外求印"的手法创造性地继承了邓石如以来"印从书出"的创作模式，开辟了一个前所未有的新境界。吴昌硕、齐白石等画家都从他处受惠良多。

齐白石(1864年1月1日—1957年9月16日)，祖籍安徽宿州砀山，生于湖南长沙府湘潭(今湖南湘潭)人。他擅画花鸟、虫鱼、山水、人物，笔墨雄浑滋润，色彩浓艳明快，造型简练生动，意境淳厚朴实，尤其是画鱼虾虫蟹，妙趣横生。他书工篆隶，取法于秦汉碑版，行书饶有古拙之趣，篆刻自成一家。曾任中央美术学院名誉教授、中国美术家协会主席等职。那时他刚去世，被誉为"近现代中国绘画大师"。

徐悲鸿(1895—1953)，江苏宜兴市屺亭镇人。他曾留学法国学西画，归国后任教于国立中央大学艺术系、北平大学艺术学院和北平艺专。1949年后任中央美术学院院长。他擅长人物、走兽、花鸟，尤以奔马享名于世。他主张现实主义，强调国画改革要融入西画技法，作画注意光线、造型，讲求对象的解剖结构、骨骼的准确把握，并强调作品的思想内涵。他对当代中国画坛影响甚大，与张书旂、柳子谷并称为画坛的"金陵三杰"。

……

由这些大师们的大作组成的展览，厚重可想而知。

画展原来是由中央工艺美术学院院长张仃主持的，但为庆祝中华人民共和国成立十周年，北京要建十大建筑，即人民大会堂、中国革命历史博物馆、中国人民革命军事博物馆等，需要张仃回来参加工程规划的设计，于是组织上就派关山月去接替张仃的工作。

当时这三个国家里，只有瑞士与中国建了交，所以参展的103幅展品先送到了中国驻瑞士大使馆。

关山月拿到护照后，带着翻译李振环，经莫斯科飞到了瑞士的日内瓦。他与张仃交接完毕后，张仃即飞回北京。

接下来就是从瑞士去法国，因为巡回展的第一场将在法国举办。

法国虽没有与中国建交，但对中国是友好的。关山月到机场时，中法友好协会会长和秘书长都到机场迎接。法国提供的展馆就在总统府边上，关山月便把带来的展品直接放进了展馆。但他也很担心，因为他看到了国民党的"大使馆"，他担心会有人来搞破坏。

当时法国与中国还没有建交，所以没有中国大使馆，在法国，关山月可以依靠的只有新华社驻巴黎的两位记者。两位记者带来了不少华侨。华侨们很热情，不少人说曾与周恩来总理同过学，或者一同勤工俭学过。他们听了关山月的担心后，马上自发组织起来排班、值班、警卫。

经过7天布展，作品都挂好了。法中友协秘书长请关山月去验收，关山月十分满意。

展览开幕，来者踊跃。一位70多岁的老者，在齐白石的《竹笋破土》前看了又看，用法语说了好一阵子。翻译李振环将他的话翻译给关山月听："中国画家用笔神奇极了，只狠狠两笔，一笔就画出了铁锄头，一笔就画出了木锄柄，而画锄头的那笔可以看出铁的硬度和重量，画锄柄的那笔又体现出木的质地和体积。多么简练！多么概括！原来中国的毛笔有这么惊人的表现力！"这显然是一个内行人的评价。

在徐悲鸿的《逆风》前，一群高年级学生在谈自己的体会，有的说飞雀画得生动，有的说是有了芦苇才能表现出风向，是画的主题。

关山月上前一看，前一幅画表现的是中国的"骨法用笔"，后一幅画表现的是中国画的"气韵生动"。他当即感受到，不用语言，仅凭中国画的艺术表现手法就已经可以打动外国人了！

画展在巴黎展出了一个月，媒体发表的评论文章达70余篇。法中友协提出延展一个月,但因比利时和瑞士的展期已排定,所以只能等在这两个国家展完后,再回巴黎展一次。

在巴黎的一个月中,关山月也参观了巴黎高等美术学校、卢浮宫、罗丹雕塑馆和现代派、印象派美术馆,还到法国第一商港——地中海边的马赛去写生。他还在巴黎高等美术学校遇到了"傲慢"。

巴黎高等美术学校是徐悲鸿20世纪20年代留法时的母校,一进校门,满眼的雕塑和建筑工艺,让人在第一时间里感受到西方艺术的美。关山月来时,巴黎高等美术学校的校长是一位油画家,他高挑细瘦的身材相对于矮小壮实的关山月来说,本身就有一种高度上的优势。他开口就问:"你会法语吗?"关山月说:"不会。"他再问:"你会英语吗?"关山月说:"不会。""那意大利语呢?"关山月还是说:"不会。"

这其实是外国人与人交流前的一种正常的探询,目的是寻找一种共有的语言以便交流。但关山月感觉他有点盛气凌人,就反问:"你会中国普通话吗?"校长说:"不会。"关山月再问:"你会广州话吗?"校长当然也不会。"那你懂阳江话吗?"校长当然更不懂。不过他听得出关山月话中的自信,口气就缓和了不少。关山月见对方客气了,也客气起来,进了学校的厨房,还与厨师们一一握手。气氛友好了,校长的表情也舒缓了许多。

陪同关山月参观的法中友协的负责人问:"你是中国画家吧?我想请一些法国画家过来,你能当场画给他们看看吗?"关山月点了点头。

午饭前,一下来了三四十位法国画家。大家一同进了画室,关山月拿出随身带的笔墨、册页等,挥笔泼墨,一口气画出了三幅花鸟图,在场的画家连声称赞。这时有人问:"这画卖不卖?"

"不卖,但可以赠送。不过只有这三幅,想要的就请抽签吧。"结果中签的三个人兴奋地大叫大笑,拿着画让人拍照留念。

有了关山月在巴黎高等美术学校的现场作画,中国画的名气一下在巴黎传开了。第二天,法中友协的负责人邀请关山月到巴黎高等美术学校举办一个讲座,他毫不犹豫地答应了,讲座的题目就是"齐白石绘画艺术的特点"。

讲座非常成功。来听讲座的除了学生,还有不少艺术家,他们纷纷邀请关山月去吃饭,其中一位叫布朗的画家对中国画特别感兴趣,对关山月特别友好,亲自陪同关山月去卢浮宫参观。在卢浮宫,关山月看到了西方的艺术,但心却在流血,因为那里竟有一个敦煌壁画陈列室,里面陈列的都是珍品。他不由自主地说:"那些艺术品是我们的!"

"是的,是中国的。将来我们两国建交后,我一定向我们的政府建议,将这些珍品还给贵国。"布朗说。

布朗陪关山月在卢浮宫参观了7天。关山月离开巴黎时,布朗还把儿子的一本画册送给关山月作为纪念。只是他在中法正式建交前去世了,关山月一直很怀念他。

"中国近百年绘画展览"在巴黎成功展出后,又到比利时和瑞士展出,同样也很成功,关山月也写生了一批西方情调的作品,如《巴黎街头拾稿》《罗瓦河畔牧场》《桑洛湖畔》等。

在瑞士的展览快要结束时,关山月接到电报,组织上要他立即回国,参加北京人民大会堂壁画的创作,这也是迎接中华人民共和国成立十周年的重大创作活动。因此,他原来答应法中友协负责人要再回巴黎展出的计划只能取消。

1959年4月,在出色地完成了国家"中国近百年绘画展览"的任务后,关山月回到了国内。

第二节

不朽的作品：《江山如此多娇》

1959年5月,作为迎接中华人民共和国成立十周年的十大建筑之一的人民大会堂已在天安门广场西侧矗立起来。这座建筑总面积17万平方米,是召开全国人民代表大会、接待各国贵宾、举办国宴的地方。

来到人民大会堂,拾级而上,迎面是12根25米高的大理石门柱。进了大门,经迎宾大厅宽畅的楼梯上到二楼,迎面就是一面大墙壁。这面大墙壁上,需要有一幅出色的艺术品。原设计中,这面墙上要挂一幅刺绣工艺品,但有艺术家提出,这里应当挂一幅巨型国画才高雅。最后,周恩来总理一锤定音:以毛泽东主席的《沁园春·咏雪》为题材,以"江山如此多娇"为标题,创作一幅巨型中国山水画。他还提议,由毛泽东主席亲自为此画题词。毛泽东欣然同意了。创作人员便是周总理点将的傅抱石与关山月。要求9月前就要完成。

傅抱石,1904年10月5日生于江西南昌的一个修伞匠人家。少年家贫,11岁在瓷器店学徒,自学书法、篆刻和绘画。1921年,他以第一名的成绩免试升入江西省立第一师范。读书期间,当他读到记述石涛的《瞎尊者传》(陈鼎著)中的"我用我法"这句话时,茅塞顿开,对石涛"搜尽奇峰打草稿"的思想欣赏不已,开始研究画史、画论。1925年,年仅22岁的傅抱石完成了自己的第一部著作《国画源流述概》。

1926年,傅抱石从省立第一师范毕业并留校,任教于附小,随后写出了《摹印学》和《中国绘画变迁史纲》。1933年3月,在徐悲鸿的鼎力推荐下,傅抱石去日本东京帝国美术学院留学,拜于史学泰斗金原省吾名下。他翻译了金原省吾的《唐代之绘画》和《宋代之绘入手》,对中国东晋画家顾恺之进行了深入研究,完成了著作《论顾恺之至荆浩山水画史问题》,接着写出《中国绘画理论》和《论秦汉诸美术与西方之关系》两本著作。

用理论武装的人,技艺进步很快。1935年5月,傅抱石在日本举办了首次个人画展——傅抱石中国画展览,展名由郭沫若题写。1936年7月,傅抱石又在南昌举办了自己在国内的首个画展。暑假之后,应徐悲鸿之聘,傅抱石任教于南京中央大学艺术系。

1937年抗战爆发后,傅抱石应郭沫若之邀,于1938年进入国民军事委员会政治部第三厅工作。1944年9月,傅抱石以诗圣杜甫的代表作——乐府诗《丽人行》为题,创作了世纪名作《丽人行》。徐悲鸿赞此画"乃声色灵肉之大交响",一语点出了真谛。张大千题此画:"开千年来未有奇,真圣手也。色勒衣带如唐代线刻,令老迟(陈老莲)所作亦当敛衽。"

1951年6月,傅抱石当选南京市文联常委,1952年任南京师范学院美术系教授。1956年1月,他被增补为第二届全国政协委员。10月,中国美术家协会南京分会筹委会成立,他被推选为主任委员。1957年2月筹建江苏省国画院,他是主要负责人。当时,傅抱石的名气已大到有"南北二石"之誉,即北有齐白石,南有傅抱石。

这样一位比关山月大8岁且享誉全国的大画家,被抽调来与关山月一同完成这幅巨型壁画《江山如此多娇》。

关山月到北京后的第一个疑虑是自己与傅抱石先生的画风不太一致,如何能一同作画?国务院办公室的齐燕铭主任向他解释说,原来是请他们一人画一幅画的,现在考虑到《江山如此多娇》这幅画的重要性和时间的紧迫性,就决定由两个人一起画了。他说:"这可是大会堂里最大、最显眼的一幅画,题材和标题是周恩来总理亲自定的,两位画家也是他定下的,毛主席还要亲自为画题名,你就不要有顾虑了!"

关山月不再说什么了。他估算了一下,这画至少要有7米宽、5米高。这么大的画,在世界美术史上也是十分罕见的。1956年,他在莫斯科特列恰科夫美术馆里看到过俄国油画家伊凡诺夫画出的世界上最大的油画《耶稣下凡》(准确尺寸不详),但这幅画是用了23年时间才画成的。虽然说画国画比画油画要省时间,但只有4个月的时间,确实是紧张了一些。

时间紧,绘画风格不同,而且傅抱石的为人,关山月也不甚了解。他很有顾虑,不知道自己能不能与傅先生相处得好。

关山月与傅抱石一同住进了前门附近的东方饭店,房门相对。关山月主动敲门拜访傅抱石,不料一聊起艺术见解,二人竟十分投机。关山月是"笔墨当随时代""师

关山月、傅抱石创作《江山如此多娇》

法自然还要主宰自然"；傅抱石是"搜尽奇峰打草稿"。艺术见解谈到一起了，二人就成了挚友，关山月的顾虑也就消除了。

二人全身心地投入了创作。

创作大画前要先拿出小图，让领导审定。傅抱石和关山月围绕着《沁园春·咏雪》的内容泼墨，却一连三稿都没有通过。二人大为苦恼。

这一天，外交部部长陈毅来看望他们了，同来的还有副总理、文化教育委员会主任、中国科学院院长郭沫若，北京市副市长吴晗，国务院办公室主任齐燕铭。陈毅同志先开口："怎么样？进展顺利吗？"

关山月

关山月与傅抱山苦笑笑。傅抱石说："难啊，题材太大了，我们把握不住呀，草图还没有通过呢。"

陈毅转头对郭沫若说："画画我不太懂，大约是跟作诗差不多，最要紧的是立意对吧？"

郭沫若点点头。

陈毅说："我的看法是，'江山如此多娇'，应当先抓住这个'娇'字。怎样才能体现出江山之'娇'呢？"看到大家都在认真听他的话，他接着说，"图中应包括长城内外、大河上下，而且要描绘出'山舞银蛇，原驰蜡象'。要有白雪皑皑的西北高原，要有郁郁葱葱的江南大地，还要见东海，总之地理上要包括东西南北，季节上要包括春夏秋冬，只有在这'多'的磅礴气势中，才能体现出祖国的壮美江山嘛，这样才能'娇'起来嘛！"

陈毅外长的一席话，让关山月和傅抱石心底一亮。傅抱石马上提出了构图的新设想，关山月也补充了意见，陈毅与郭沫若连声称赞。大家越谈越具体，草图的构图就这样呼之欲出了。这时关山月再提出三个具体问题：画面上出不出现人物？出现什么人物？出不出现太阳？郭沫若说："毛主席写这首词是在1949年以前，所以有'须晴日'一句。现在解放10年了，还能不出太阳？我看应该画上东升的红太阳！至于人物嘛，不要出现了，不够概括的，还会损害画面的意境。"他的话，陈毅表示赞同，事情就这么决定了。

由这次讨论而形成的草图，报到周恩来总理处，很快就通过了。接下来就该动笔创作大图了。

人民大会堂的二楼会议室用作了画室。画幅设定为7米宽，5.5米高，共计35平方米。荣宝斋的老师傅用30多张清朝乾隆年间的"丈二匹"宣纸拼接出一张大白纸，纸有铜钱那么厚。再在画厅里立起一块约3米高，9米宽的大画板，上下设两根9米长的轴。大白纸先在上轴卷起来，再放下来一段，傅抱石与关山就可以画了。画是从下端逐段往上画的，画完一段，上轴就再放一段白纸下来，画好的部分就由下轴卷起来。作画时是看不到全貌的，二人得胸有成竹地"盲画"。（注：也有一说，是经中央特批，从故宫调出了库存的13张乾隆"丈二匹"宣纸，在东方饭店宴会厅地板上铺开，供二人作画。荣宝斋负责古墨、颜料等工具材料置办，还为傅抱石和关山月特制了一米多长的毛笔和排刷，研墨也派专人负责。张贵桐和刘金涛两位装裱大师全程协助。但通过当年的现场照片可以看到，画是立着画的，不是铺在地上画的。）

草图获批后，关山月和傅抱石对此画的表现手法也进行了深入探讨，决定采取青绿加水墨的"混搭"模式来创作，这样既能发挥关山月"岭南画风"的优势，更能表现"抱石皴"的特色。二人还互谦互让地决定了各自的任务。前景的松树，傅抱石谦逊地说："你来解决吧，你撑得住。"后景的长城、雪山，傅抱石也谦让："你熟悉西北，画过许多雪山，你画好了。"至于画中大河上下的流水和瀑布，就由傅抱石执笔了。两个人的风格本来是不同的，一个是金陵豪气，一个是岭南新风，但这样分工后却显得十分默契。关山月也由此感受到了周总理在决定人选时的智慧。

9月中旬，画作完成了，在大会堂里挂了起来。周恩来总理在陈毅等人的陪同下，来到人民大会堂审看此画。

　　周总理与傅抱石和关山月握手，亲切地说："没想到你们都很年轻嘛！"

　　周总理上下左右地端详，看了整整一个小时，之后笑着说："我与陈毅同志的意见一样，都觉得画得好，我们都感到满意，画得很有气势嘛！"顿了一下，他又说，"不过我觉得画幅小了些，还要加宽、加高。现在的尺寸是多少？"

　　关山月回答："宽7米，高5.5米。"

　　周总理说："至少要加宽两米，加高1米。"

　　书画界的行话是"书画怕挂"。作品一挂上墙，马上就能看出好不好，看出哪里有不足来。刚才画一挂上墙，关山月和傅抱石也感觉到画小了。总理一指出这个不足，他们马上点头认可。

　　周总理又说："太阳也小了，和建筑物一比就显得不相称，最少要加倍放大。还有，我建议给太阳上色时要用最好的朱砂，这样才能永葆光辉。"关山月和傅抱石又点了点头。

　　周总理提完意见，临走时对傅抱石和关山月说："时间不多了，画要改好，但也要注意身体健康！"听说傅抱石在微醺时作画状态最好，周总理还特批了茅台酒给他俩送来。关山月是不喝酒的，这么好的酒，全都"便宜"了傅抱石。

　　周总理一行一走，傅抱石和关山月马上投入了修改之中。画幅要扩大到9米宽，6.5米高，红太阳的直径要达到1米，时间太紧了。

　　他们昼夜赶工，在9月下旬完成了绘画，9月29日装裱完成，挂在了人民大会堂里。

　　毛泽东主席写的4套"江山如此多娇"的题词也送来了。他在自己较为满意的字下用铅笔画了圈。中央工艺美术学院教授张光宇按照"江山如此多娇"的最佳搭配，选定了6个字，送到大名鼎鼎的"大北照相馆"拍摄，用整张相纸放大，每个字纵横一米左右。擅长描摹技法的北京古金石书画研究员李方白、

关山月、傅抱石作品《江山如此多娇》

《知识就是力量》和《科学大众》杂志的美术编辑沈左尧二人，先用蓝色复写纸和铅笔在画幅上勾印出6个字的轮廓，然后蘸墨充填。这样，"江山如此多娇"6个大字就融入了这幅艺术大作中。

这是毛泽东主席一生唯一一次为绘画题字。"江山如此多娇"的题字没有落款和钤印。傅抱石曾找来一方近一尺的寿山石镌刻了"毛泽东印"四个字，拟按常规钤在六字题词之后。但毛主席说，自己几十年来没有用印的习惯，所以这方大印就没有用上。画幅左下角有一方"江山如此多娇"白文印，为擅长书法篆刻的齐燕铭的大作。

就这样，一幅不朽的作品，一幅由周恩来总理主持、毛泽东主席题名、关山月细致柔和的岭南风格与傅抱石奔放深厚的金陵风格融为一体的中国画巨制，在国庆十周年的前一天晚上诞生了。

20世纪50年代，不少人认为山水花鸟画无法反映社会主义建设的火热现实，因而备受批判。这幅巨作的诞生，证明了中国画的价值所在，为中国画的转型探索起到了关键性的作用。

第三节

再历劫难

1966年7月26日，广州美院教学大楼前集中了很多红卫兵，"打倒走资派胡一川！""打倒反动学术权威关山月！"口号喊得震天响。

1959年在人民大会堂画过画，毛泽东主席为此画题词；1961年与傅抱石一同去东北，努力为社会主义建设搞创作，中央新闻电影制片厂为他们拍过纪录片；同年在《人民日报》发表了《有关中国画基本训练的几个问题》，明确提出中西画教学要区别对待的问题；1963年在《光明日报》发表《谈国画的继承问题》，同年中国文化部批准他为二级教授；1964年与黄新波等到山西写生，创作出《春到雁门》，到美国各大城市展出……然而这一切成就，都无法为关山月阻挡突如其来的冲击。

关山月被安排住进了广州美术学院的猪栏。

困难中,有群众关心着他。学院清洁工张三妹是关着关山月的"牛棚"管理员,她把拌煤粉的任务单独分给关山月一个人,好让他躲开众人。还有学院临

关山月作品《快马加鞭未下鞍》

时工邝修民，一有外地红卫兵来，就给他通风报信，让他躲起来。

最贴心的还是妻子李秋璜。她听到外地红卫兵要来揪斗关山月的信息，就把他的痣用胶布贴起来，还给他穿上厚厚的棉背心，防止他受伤。有人让她与关山月离婚，她就是不同意。造反派要她背《毛主席语录》，她总是背这么一段："我们应当相信群众，我们应当相信党，这是两条根本的原理。如果怀疑这两条原理，那就什么事情也做不成。"

1968年12月，关山月被开除党籍，随一批师生下放到三水县（今佛山市三水区）南边干校劳动改造。

在这困难的时候，日本友人宫川寅雄向他伸出了援手。宫川寅雄是日本共产党中央委员、中国美术史研究专家。

1964年，宫川寅雄曾访问中国，与关山月一见如故。后来，他三次到中国，到处打听关山月的情况，最终得知关山月被下放到干校劳动的消息。1971年8月，他第三次访问中国时，提出一定要见关山月。

这样，关山月被叫回了广州，与宫川寅雄见了面。宫川寅雄走后，关山月被安排到了广东省文艺创作室任副主任，7年没有动笔的他，算是可以重新拿起画笔了。

1974年8月，外交部瞿荫塘司长邀请关山月与李可染、李斛、黄胄、李苦禅为中国各国大使馆画一批画，这样关山月又来到阔别了8年的北京，画家的自尊感又回到他的身上。

11月回到广州，关山月听到别人称呼自己"关局长"。原来他已被任命为广东省文化局的副局长。他坚辞，且不去局里参加会议，不去局里的办公室达一年之久，他只想当好画家。这个"局长"也就不了了之了。

在不当局长的这段时间，关山月去了海防前线，画出了《绿色的长城》等一大批好作品。

1976年，关山月接到为毛主席纪念堂创作革命历史画的任务，为此，他率

Guan Shanyue 关山月

关山月作品《山花烂漫图》

领一批师生前往革命摇篮井冈山、遵义、娄山关、延安以及毛主席的故乡韶山写生。师生们到达井冈山时，正值梅雨季节，天气湿冷，关山月不顾雨天路滑，艰难跋涉，执意登上了险要的朱砂冲哨口，率先攀上了陡峭的井冈山主峰，把一些年轻老师甩在了后面。他这样一连走了几个月，画出了大量写生，回来创作出了《革命摇篮井冈山》和《井冈山颂》。他的《革命摇篮井冈山》悬挂在毛主席纪念堂里，《井冈山颂》则被广东省博物馆收藏。

1977年，关山月漫游粤北，创作出《春到南粤》，挂在北京人民大会堂广东厅。

1978年，广东画院恢复，关山月担任院长，但他做得最多的还是深入一线写生。他到了黄山，到了青海。到嘉峪关时，仍坚守在敦煌的敦煌艺术馆馆长常书鸿跑来见他，并再次把关山月拖到了敦煌，拖进了莫高窟。

到莫高窟的第二天，正巧是中秋节。关山月想起了34年前的那个中秋之夜。老友们在庭院里摆起了酒，遥想当年，感叹岁月，百感交集。

1980年，关山月当选为广东省文联副主席、中国美协广东分会主席。5月13日，关山月夫妇、余本夫妇和黎雄才夫妇一同到香港访问。此时距离他上一次去香港已经30年了。

当年送他偷渡回内地的任真汉还在，赶来与他相见。当年他从广州逃到香港，代表人间画会接待他的黄蒙田也在，见面后也是一番热烈的拥抱。原南中美术学校、广州艺专、中南美专、广州美院的在港师生，一下子来了120余人。他们当场成立了广州地区美术学院留港同学会。

关山月还去看望了师兄弟——赵少昂和杨善深。他们在香港发扬岭南画派，已是桃李芬芳。赵少昂提议，办一次三人合作画展。

一年后，关山月被香港中文大学聘为学位考试委员会校外委员。1981年5月30日，他再次来到香港，约了杨善深和高剑父的儿子高励节，一同去九龙粉岭祭扫高剑父的墓。然后他转道澳门，专门去了普济寺，瞻仰1979年圆寂的慧

关山月作品《春到南粤》

因大师的雕像。他写下一首七绝悼念慧因:"逃奔国难痛难忘,得佛奇缘兹客床。两载禅灯齐弄墨,亦师亦友亦同窗。"这首诗就刻在慧因雕像的基座上。

第四节

与张大千合作的遗憾

1983年3月12日,赵少昂、关山月、杨善深、黎雄才合办的画展,在香港中文大学冯平山博物馆揭幕。消息一传出,英国伦敦、美国旧金山、新加坡、马来西亚吉隆坡都派人到香港来联系,要求到他们那里做巡展。画展巡展了一圈,1986年回到了香港。师兄弟4人又合作了20幅画,于1987年2月12日——农历的元宵节,在广东画院展出了,第二年又到北京中国美术馆展出。中国美术家协会主席吴作人为画展题词:"岭南四家,荟萃一堂,叹为观止!"

这期间,关山月与张大千合作的事也在进行。此事得力于林文杰教授。

林文杰祖籍广东潮阳,生于香港,在哈佛大学学医,24

岁就拿到了博士学位，27岁就成为美国德州休斯敦贝勒医学院的眼科及神经学科一级教授。20世纪80年代初，广州中山医学院聘请他为客座教授，这样他每年都会来广州讲一次课。他还爱好绘画，到了广州，就到关山月家拜师学画。

1982年12月29日晚，关山月为夫人李秋璜庆祝生日，在广州南园酒家举办寿宴。当天下午，林文杰正好到关家做客，也应邀参加了宴会。期间林文杰谈到，自己过两天就要去香港和台湾，到台湾后会去拜访张大千先生。他提议，可以由关山月、赵少昂和张大千合作一幅画。

这个提议让关山月想起了当年张大千在成都画展上花千元大洋买他画的事。

他同意了这个建议，还挑出一张印有自己画的红白梅花的贺年卡，恭恭敬敬地写了"大千前辈万福，艺术生命长青"12个字，交给了林文杰，让他带去台湾，代自己向张大千先生拜年。

第二天，关山月在一张四尺宣纸上画了春兰，再到香港找到赵少昂，说了想与张大千合作一幅画的事。赵少昂马上点头，在春兰边上添了一竿翠竹和一枝嫩笋，并盖了印章。

第三天，也就是1983年1月2日，林文杰带着关山月的贺卡和关山月与赵少昂合作的画到了台北，找到了张大千先生。张大千激动万分，不禁跳了起来。他抱病在画上添上灵芝、寿石。看了一下，他说："灵芝一定要有红叶才有滋补作用。"说着又添了两片灵芝红叶。这样，原来的水墨画变成了彩墨画。

1983年3月11日，林文杰带着这幅画从美国来到广州。关山月此时正在香港参加"岭南四大名家合作画展"的开幕式，林文杰就托新华社香港分社社长王匡把画带给关山月作最后补成。画到关山月手中后，他睹画思人，在画的右上角补了一株墨梅。由此，画完成了，佳话也流传下来。

遗憾的是，张大千先生没有看到这幅完成的画，他留在画上的灵芝、寿石竟成了绝笔。当年4月2日，张大千先生在台北与世长辞。闻讯，关山月满怀深情地写诗哀悼:"夙结敦煌缘,新图两地牵。寿芝天妒美,隔岸哭张爰。"(注:据说张大千先生出生前一天晚上,他的母亲梦见一位白髯长者托着一只黑猿交给她,并叮嘱道:"要小心照顾黑猿,它怕荤腥,怕拘束。"次日,张大千诞生,人们都说他是黑猿转世。而张大千自断奶之后,确实不能沾一点荤腥,一沾荤腥就会呕吐。家人们便更加相信他是黑猿转世了。"猿"字古写为"蝯",去"虫",即得"爰",张大千小时便叫"张爰"。)

第五节

红梅情结

1982年10月7日,东京。日本最高级的画廊——高岛屋画廊。"中国画坛巨匠关山月展"在此开幕。

李秋璜穿一身米黄色套裙,与驻日大使宋之光的夫人李清一同在画廊迎接女宾。关山月则忙于接待前来观展的日本艺术家。

这是为庆祝中日两国恢复邦交十周年而举办的画展,各大媒体都做了广泛宣传。开幕之日,参观者十分踊跃。

老朋友宫川寅雄带着日本最顶尖的画家、评论家平山郁夫来了。70多岁高龄的日本艺术院院长有光次郎先生也来了。

平山郁夫致开幕词。他称,中国20世纪40年代的作品，在日本还是空白，关山月先生带来的《嘉陵江码头》《都江堰》《黄河冰桥》《塞外驼铃》《敦煌图》等 11 幅作品，正好填补了这个空白。

议程中本来没有安排有光次郎先生讲话的，但他发表了即席讲话。他称赞关山月的中国画既有中国画的艺术传统，又充满了革新精神。他的讲话激起了一阵又一阵的掌声。

画展在东京展出一周，又到大阪展出 5 天。日本《读卖新闻》的一篇评论点出了这次画展对岭南画派的意义——"从关山月展出的作品看，岭南画派无疑是获得了巨大的成功。"这是岭南画派在改革开放新时代再现辉煌的一次标志

关山月作品《嘉陵江码头》

Guan Shanyue

关山月作品《俏也不争春》

性展览。

在这次展览中,关山月画的红梅受到了追捧。

日本《读卖新闻》周三有一个美术版,每次会选刊一幅世界名画作介绍。这次他们选的是关山月的梅花图《俏也不争春》。这幅梅花图,枝干苍劲,红花繁密,直攀上天。那特意的满构图、浓烈的色彩和雄健的笔力,在整体上烘托出了咄咄逼人的气势和疾驰速动的节奏,表现出顽强向上、奋力拼搏的斗争精神,这便一反古人画梅那洁身自好、高蹈远引的君子之象和冰清玉洁、可爱不可亵的女子气质,体现的是高昂的现代气息。日本画家川赖雅夫专门到大阪访问了关山月,他的评介文章就配发在这幅图边。

关山月对梅花是情有独钟的。他家原是书香门第,有一个书斋,有一个花园,花园里最引人注目的是几株老梅。这几株老梅,是关山月最早的写生物象。他从小就爱梅,曾赋《十六字令·梅》三首并自注:"童年,经常在家园做父亲接枝种梅的助手;当梅花开放时,我欣慰自己劳动成果,则痴爱观赏写生,而特别喜欢'梅花香自苦寒来'的前人诗句。"

关山月喜画梅,其作多为巨幅作品,气势磅礴,构图险而气势雄,与传统画梅不同。古人画梅多以水墨为上,具有孤山处士之境,清疏淡雅;而关氏之梅多红花铁干,流露铮铮之象。他在当时已有"当今画梅第一人"之称。他还将画梅的体会,总结成"关氏画梅十技法":

一是工笔双钩白梅。双钩花瓣要圆,老干、新枝要注意质与势的不同。双钩不着色,即中国画的"白描"。它跟西洋画的素描不同,素描刻画形象侧重明暗,以"面"为主,白描则偏重物象结构的刻画,以"线"为主。

二是工笔双钩着色红梅。先以墨线双钩花与干,钩线时要注意花瓣与枝干用笔的区别、老干新枝用笔的不同。着色时注意花的全放、初放与新蕾的色调变化,在深、浅、浓、淡的色阶中,可采用撞水或撞粉法,但要防止用色妨碍笔墨。中国画的用色与西洋水彩不一样,中国画的工笔双钩以墨线为基础,色与笔墨不能互相抵触,要使之互相配合,互相补充,相得益彰。

三是工笔没骨粉写白梅。没骨是写"面"而不是勾"线",即尽可能用最简单的笔势写出物象的形体,写出物象的结构关系。着色方法与西洋水彩也有差别,因没骨用笔同样要求体现写的笔意,如用五笔写出五瓣梅花,第一笔要写出花瓣的形象,又要讲究写的笔意,着色时要求每一花瓣都有色的变化,最好用色纸以粉写出没骨白梅……

还有工笔着色雪里红梅,工笔着色月下白梅,水墨写意白梅,水墨没骨写意红梅,水墨大写意月梅,水墨写意雪梅和水墨大写意白梅等七大技法。这些梅花一一绽放,怎能不打动人!

可以说,关山月的绘画从画梅开始,在梅花上得到了一种画艺的圆满。

关山月作品《松梅颂》

第六节

艺术没有尾声

  1982年,关山月70周岁。这一年,他立下一个志向:深入一线,每年画一幅大画,能活几年就画几幅,最终完成大型组画《祖国大地组画》。这个志向,相当于他年轻时的"五年万里行"计划。

  第二年,关山月完成了作品《长河颂》。长河落日、大雁南飞,本应当是寂静而萧寒的意境,但他让余晖普照了万里河山,让黄河之水向大海奔腾。黄河水是无穷无尽的,远景中有,中景中它直流而下,近景中它滚滚而来。这样,黄河的个性出来了,中华民族的浩然正气也出来了。民进第一届广东省委会副主任委员、著名诗人陈芦荻看后当即赋诗:"当红色的光轮映照着浩茫的天宇/当澎湃的浪涛绽开了瑰丽

关山月作品《江南塞北天边雁》

的花朵/此刻/我要高唱长河的赞歌……"

当年,关山月还创作出了高 5 米的大型山水画《江南塞北天边雁》。一年创作两幅大画,关山月宝刀不老。

1984 年 10 月 6 日,关山月接到美国贝勒大学、哈佛大学、纽约州立大学和柏克莱大学的邀请,与夫人李秋璜、师弟杨善深及杨的学生刘伟雄一同飞往美国讲学。他把岭南画派的特点概括成了四句话:"折衷中西,以中为本;融汇古今，以今为魂。"他还把中国画创作的主张归纳为："画画要有感而发。中国画第一必须批判地继承传统，没有传统就不是中国画；第二必须在继承传统的基础上加以发展，即大胆创新，不创新就没有时代精神；第三必须有个性，形成个人风格，没有个性，没有个人风格就缺乏艺术感染力。"

在美国，他遇到了当年在桂林时给了他很大帮助的广西省参议李焰生先生的儿子李勇。李焰生已经去世了，当年为他牵纸的李勇已是一位很有实力的人物。他就像小时候陪伴关山月那样，陪着他去了美国的不少地方。

1985年6月21日，关山月随广州诗社代表团参加了新加坡文化艺术协会和广州诗社联合举办的"新粤乙丑诗人节雅集"，并在东南亚旧地重游。

1986年9月1日，关山月与夫人李秋璜，以及关怡、关伟到新加坡举办画展。

1987年8月，关山月再进人民大会堂，继《江山如此多娇》后，画出了高6.2米，宽2.6米的《国香赞》。这一次，他画的是自己最喜欢的梅花。他让两株红白梅像飞龙一般跃入画面，再画出枝干苍劲、繁花烂漫。整幅画通过巨、重、宏的特点，显示出中华人民共和国的伟大气势，为党的十三大献上了一份厚礼。新华社香港分社社长王匡诗赞："虎跃龙腾挥健笔，新枝老干大堂前。蒸人热浪吹三伏，扑面寒香落九天。"老诗人端木蕻良也作词一首："是天香，出晓风前；是国香，接眉月后；似海潮，映月连波，千山万谷飘香透。"

1990年5月，关山月在纽约东方画廊举办了"关山月旅美写生画展"，展出了包括长卷《尼加拉大瀑布》《太平洋彼岸》在内的30幅写生画作。

1991年，关山月把"关山月旅美写生画展"的全部收入捐给中国美术家协会，设立了"关山月中国画教学创作奖励基金"，同年将自己各个历史时期的代表作品813件及生活、艺术和教育实践的系统资料全部捐赠给深圳，以作建立"关山月美术馆"之用。

一晃，1992年的春天来临了，关山月已是80岁高龄的老人，这一年，距他设想完成大型组画《祖国大地》已有十年了。这一年，他来到西沙群岛写生，完

关山月作品《江峡图卷》局部

成自己走遍祖国天涯海角的心愿。

关老来到海南后便叮嘱有关人士,在离开海南之前,媒体不要报道他的消息,以免给当地增添过多的麻烦。因此,关老在海南的行程没有多少人知道。

关老到了海口后没有停留,直奔洋浦、三亚,再等待飞机,飞往西沙群岛。

这时出了一点意外,预定的驻军直升机迟迟没有起飞。关老在候机室里静静地等待着,一等就是三个小时。随行人员有些急了,前去打听。一开始,值班和调度人员说是由于天气原因,飞机暂时不能起飞。大家原以为天气好转了,飞机自然就能起飞了,但最后等来的却是不同意关老去西沙群岛的指令。原来,关老一行比较保密,驻军并不知道关老到了海南。等他们一行到了机场后,机场方面按规定登记了名单,并将名单与飞行申请向上级报告,上级领导看到了关山月的名字,这才知道本次飞行要搭载的是这位著名画家。领导认为,对这位大师级的人物,没有百分之百的安全把握不能放飞,于是指令放弃飞往西沙群岛的计划。

后来,关山月的随行人员向值班人员陈述了关老的心愿,关老的真诚打动了上级领导,最终下达了飞行指令。

当天下午,飞机起飞了,关老像孩子一般放声大笑起来:"老天有眼呀,天

关山月作品《南海荫绿洲》

气好了啊!"

在前往西沙群岛的飞机上,关老望着浩瀚无垠的南海,画着速写,还吟出了两首诗:

向驻军致敬

卫国离家乡,心中有太阳。

雄风安领海,一柱定南疆。

领海颂

群岛日升东,南疆海上红。

忠魂邦国土,领海立威风。

这两首诗,抒发了关老看到祖国南疆之后的豪情,也成了他此行创作的主题。

直升机在西沙群岛上空盘旋,让关老饱览了祖国的万里海疆。

直升机徐徐降落在西沙永兴岛上,守岛官兵列队欢迎艺术家不辞辛苦地来到边防。

在岛上,关老与官兵打成了一片。官兵们陪关老写生,关山月为官兵们书写对联,挥毫题词:"南疆开眼界,风浪炼精神。"

回到广东后,关山月创作了又一批大型力作《云龙卧海疆》《南海荫绿洲》等。广东美院的老教授梁世雄评价《云龙卧海疆》:"(该画)充分体现了他创作上超人的概括能力……关老采取长卷的形式,既描绘了西沙群岛的美丽壮观,也表现了祖国南海海疆的浩瀚苍茫和雄伟壮阔的气势,通过对奇异的岩石、茂密的羊角树以及海浪流动的描写,运用色彩的对比,把西沙特定的地理环境以及烈日下刺眼的沙滩表现得淋漓尽致,使人仿佛听到海水击岸的声音,是一首西沙的颂歌、时代的颂歌,是一首旋律优美的交响曲。'群岛颂歌光大陆,长龙卧海接朝霞',诗与画完全融为一体了。"

可以说,有了西沙群岛的这组画,关山月的大型组画《祖国大地》算是基本完成了。

1993年11月24日,关山月参加了在北京举办的"纪念毛泽东同志一百周年诞辰百名书画家笔会"。关山月一向积极参加公益活动。国家收藏他的画,付给他报酬,他是收的。为了支持社会福利和文化教育事业,海外商人愿意出重金购买他的画,他也是同意的,得到的钱就全部捐赠出去。但他一般不卖画,除了早年为生活所迫卖了一些山水画,他主要的作品都是不卖的。这是题外话。

再过几天,就是李秋璜75岁的生日了,小辈们提出要为她祝寿。早饭时说到这件事,大家都很高兴,但刚吃过早饭,李秋璜竟突然晕倒了。家人急忙把她送进医院抢救。

11月26日上午,李秋璜溘然长逝。

五十多年的夫妻,从苦难中一路走来的夫妻……关山月痛哭不已。他为妻子写下了两首悼亡诗,作最后的送行:

> 生逢乱世事多凶,家破人亡遭遇同。
> 注定前缘成眷属,恶魔日寇拆西东。
> 我逃寺院磨秃笔,卿浪后方育难童。
> 举烛敦煌光未灭,终身照我立新风。

> 生来遭遇坎坷多,舍己为人自折磨。
> 牛鬼蛇神陪受罪,文坛艺海度风波。
> 溯源梦境披荆棘,出访洋洲共踏歌。
> 风雨同舟半世纪,卿卿安息阿弥陀。

关山月和夫人

李秋璜出殡那天,关山月含泪写了6个大字:"敦煌烛光长明",放在爱妻的灵前。

"敦煌烛光长明",是说李秋璜用自己的青春陪伴关山月攀上了艺术高峰的关键台阶,这样的妻子,是中国女性

Guan Shanyue

关山月作品《黄河魂》

关山月作品《红梅翠竹庆千禧》

的骄傲!

　　妻子去世后,关山月深感自己的时间也不多了。他不顾年迈,努力进行着组画《祖国大地》的创作……

1994年，关山月为国务院紫光阁创作了《轻舟已过万重山》，为中国政协礼堂创作了《黄河魂》。

1997年，关山月美术馆在深圳市落成。其位于深圳市福田中心区，占地8000平方米，建筑面积15100平方米，北依风景秀丽的莲花山，南临市政广场，环境优美，建筑造型独特，色彩古朴典雅。

同年11月，关山月将145幅作品捐赠给广州美术学院岭南画派纪念馆，又将105幅作品捐献给广州市政府。

关山月

2000年4月28日，"关山月梅花艺术展"在北京中国美术馆举行，中国美协同时宣布成立"关山月艺术研究会"。

5月1日，关山月登上泰山写生。

6月25日，深圳关山月美术馆举办了"关山月梅花艺术展"。这是关山月生前举办的最后一个画展。

2000年，一位台湾老友打来电话，希望关山月能到台湾去办个展。关山月欣然答应。他走遍了祖国大地，但是台湾和西藏尚未去过。然而他忙得病倒了，6月30日住进了广州医学院第二附属医院。7月3日下午15时08分，关山月因病抢救无效，在广州去世，享年89岁，为自己永不停歇的一生画上了句号。

7月10日，广东各界4000余人向岭南画派一代宗师关山月告别。

然而，关山月的艺术生命并没有结束。2005年9月，关山月美术馆推出了"石破天惊——敦煌的发现与20世纪中国美术史观的变化和美术语言的发展专题展"，展出了80余件馆藏的关山月敦煌临摹作品。2010年，在关山月逝世十周年之际，广东画院举办了"生生不息——关山月写生作品展"。2012年，中华人民共和国文化部、中共广东省委宣传部、广东省文化厅、中国美术家协会、中共深圳市委宣传部、深圳市文体旅游局在关山月100周年诞辰之际,在深圳、广州、北京举办了"山月丹青——纪念关山月大师100周年诞辰艺术展"。2017年10月31日,"关山无限——纪念关山月诞辰105周年作品展"在中国国家博物馆开幕,展览分为"笔墨当戈""漫道寻真""江山多娇""辉光日新"4个板块,展示了关山月各时期的代表作品、文献资料百余件……

关于关山月的研究也在不断升温。到2017年,已有两本研究文集出版,多篇论文发表。

关山月继承发扬的岭南画派的风格继续弘扬和传承着,岭南画派在中国画的传承中,以"新国画"的面貌继续发挥着"笔墨当随时代"的表率作用。

关山月的艺术,永远没有尾声。

参考资料

关振东《情满关山——关山月传》,中国文联出版社,1998年2月第2版。

杨益群《国画大师关山月与〈漓江百里图〉》,《深圳特区报》2017年10月26日。

郝银忠《关山月绘画思想研究》,河北大学硕士毕业论文,2007年6月1日。

曾科《"笔墨当随时代":关山月研究之回顾与展望》,《五邑大学学报（社会科学报）》2017年5月。

陈湘波《关山月敦煌临画研究》,《敦煌研究》2006年第1期。

关山月《我与国画》;《画梅十例》。

卢婉仪《从〈漓江百里图〉论关山月20世纪40年代初期的山水画创作》,《艺术探索》2012年8月第4期。